# Las cosas pasan por algo y por algo no pasan

Daniel Rodríguez Molina

Copyright © 2024 Daniel Rodríguez Molina

Todos los derechos reservados.

ISBN:

# DEDICATORIA

El presente libro está dedicado a mi familia, amigos y personas que me inspiraron. Y tiene como fin llevar un mensaje de optimismo a sus vidas.

# Contenido

AGRADECIMIENTOS ........................................................................ i
PRÓLOGO 1 .................................................................................... 1
PRÓLOGO 2 .................................................................................... 4
CADA UNO PUEDE COSECHAR LO QUE SIEMBRA ................... 5
NADIE LOGRA NADA EN ESTA VIDA SI NO ES POR LA AYUDA DE OTROS .................................................................. 22
TODO LLEGA A SU TIEMPO NI ANTES NI DESPUÉS ............. 31
COVID 19, LA PANDEMIA QUE CAMBIÓ AL MUNDO ........... 39
LAS PERSONAS LE TIENEN MIEDO A LO QUE NO ENTIENDEN ................................................................................. 53
ES MEJOR NEGOCIAR Y GANAR ALGO QUE TENER LA RAZÓN Y SALIR CON LAS MANOS VACÍAS ........................ 62
LA MEJOR DECISIÓN NO SIEMPRE ES LA MÁS FÁCIL ........ 70
APRENDER DE LOS GOLPES Y LAS LECCIONES .................. 80
NUNCA DIGAS "DE ESA AGUA NO BEBERÉ" ........................ 86
LAS PÉRDIDAS SON PARTE DE LA VIDA ............................... 92
LA VIDA ES UNA AVENTURA QUE VALE LA PENA VIVIRLA ............................................................................................ 97
A PESAR DE TODO DIOS ESTÁ AHÍ ...................................... 104
LA FELICIDAD ES UNA DECISIÓN Y NO UN RESULTADO QUE BUSCAMOS ......................................................................... 108
LAS OPORTUNIDADES ESTÁN PARA APROVECHARSE ...... 113
ES MEJOR SER DIFERENTE ...................................................... 121
EL CRECIMIENTO PERSONAL DEBE SER SIEMPRE UNA META .............................................................................................. 127
TODO TIENE SU TIEMPO ......................................................... 132
DEJA UN LEGADO ..................................................................... 136

LA IDEA ES CREER EN UNO MISMO ................................................ 141
LA ZONA DE CONFORT ..................................................................... 147
TODOS TENEMOS UNA VIDA PRIVADA, UNA QUE
EXPONEMOS Y OTRA ES LA QUE LAS PERSONAS VEN ..... 155
TODO PASA POR ALGO Y POR ALGO ........................................... 163
NO PASA ................................................................................................. 163
ACERCA DEL AUTOR ......................................................................... 168

Todo pasa por algo y por algo no pasa

# AGRADECIMIENTOS

La presente obra fue realizada gracias a la inspiración de muchas personas, quienes doy un gran agradecimiento, por su apoyo, consejos de vida y aportes.

# PRÓLOGO 1

## "Todo pasa por algo y por algo no pasa"

En un mundo lleno de incertidumbre y desafíos, a menudo nos encontramos buscando respuestas, buscando un sentido más profundo detrás de las experiencias que enfrentamos diariamente. En este viaje de la vida nos encontramos con obstáculos, alegrías, momentos de confusión y epifanías que nos cambian para siempre. Daniel Rodríguez Molina, en su cautivador libro "Todo pasa por algo y por algo no pasa", brinda una guía brillante y reconfortante sobre cómo navegar por esta travesía impredecible con una mentalidad positiva y sabiduría que solo la experiencia puede proporcionar.

A través de su voz sincera y conmovedora, el autor nos lleva a lo largo de su propio viaje personal, compartiendo momentos de su vida que inicialmente pueden parecer desconectados. Pero, estos se revelan como piezas cruciales de un rompecabezas más grande. Nos muestra cómo cada obstáculo, cada logro y cada encuentro casual pueden tener un propósito profundo en nuestras vidas si estamos dispuestos a aprender de ellos.

"Todo pasa por algo y por algo no pasa" es más que un libro: es una invitación a reflexionar y a la introspección. A medida que exploramos las páginas de esta obra descubrimos que incluso en los momentos más oscuros hay luz y aprendizaje. Cada capítulo nos menciona que nuestras experiencias están conectadas de manera invisible y que cada una nos prepara para el siguiente capítulo de nuestras vidas.

Este libro nos anima a abrazar la incertidumbre, a enfrentar desafíos con valentía y a buscar el propósito detrás de cada giro inesperado en nuestro camino. Nos muestra cómo, al cambiar nuestra perspectiva y adoptar una mentalidad positiva, podemos transformar las dificultades en oportunidades para crecer y prosperar.

En última instancia, "Todo pasa por algo y por algo no pasa" nos dice que la vida es una aventura que vale la pena vivir, llena de momentos significativos y lecciones que nos ayudan a crecer como individuos. A través de las palabras de Daniel Rodríguez Molina, somos guiados a encontrar la belleza en la simplicidad de cada día y a apreciar la complejidad de nuestro propio viaje.

Así que, querido lector, te invito a sumergirte en las páginas de este libro con mente abierta y corazón dispuesto. Prepárate para un viaje de descubrimiento personal, donde aprenderás que, en última instancia, "Todo pasa por algo y por algo no

pasa" sin razón. Cada experiencia, cada desafío y cada momento son una parte esencial de tu historia y es el camino hacia la realización y la felicidad que todos buscamos.
¡Disfruta de esta inspiradora obra y encuentra el significado en cada paso de tu propio viaje!

*William Solís Sandí*

# PRÓLOGO 2

## "Todo pasa por algo y por algo no pasa"

El desarrollo de los capítulos en el libro "Todo pasa por algo y por algo no pasa" de Daniel Rodríguez, permiten al lector ir haciendo un autoanálisis de sus circunstancias y vivencias, haciendo que este se vuelva sumamente personal. A su vez, el autor explica situaciones propias que generan una lectura ligera y entretenida, generando el deseo de repasar el capítulo, subrayar citas y hacer anotaciones.

Cuando leo este libro, resuena mucho en mis pensamientos internos y propósito de vida, cuestiono de forma positiva cuáles son los retos mentales que han limitado mi perspectiva de una existencia llena de plenitud y felicidad.

Es un libro para leer cuando dudamos de si estamos siendo suficientes o si estamos disfrutando la vida como se debería.

La lectura de Daniel Rodríguez se torna una fuerte potenciadora de aprendizaje en aspectos de salud mental, retos y crecimiento personales.

*Katherine Fernández Alfaro*

## CADA UNO PUEDE COSECHAR LO QUE SIEMBRA

Todo pasa por algo y por algo no pasa. ¿Cuántas veces hemos oído hablar de esto en nuestras vidas, o bien lo hemos escuchado de alguien cercano? Desde que nacemos, nuestra vida tiene un propósito o fin en sí. Claro está que no es algo que en el momento sepamos o que alguien lo diga. Esto lo descubrimos en la medida que vivimos nuestra vida y encontramos nuestro propósito. Cada ser humano nace, crece, se reproduce y muere. Esta es una frase que escuché por primera vez en la escuela y que constantemente repetía la maestra para referirse a los seres vivos.

Desde que tengo uso de memoria, recuerdo que durante mi niñez mi padre me llevaba todos los días a trabajar al campo. Esto era porque veníamos de una familia de agricultores y nuestra forma de subsistir era a través de todo lo que mi padre sembraba. Fueron años duros para nosotros, ya que teníamos grandes necesidades en la casa. No obstante, estos primeros pasos de vida me enseñaron muchas cosas.

Primero que todo, la vida en el campo te enseña que la madre naturaleza tiene sus reglas. Por lo tanto, no busca el camino fácil o rápido, más bien te enseña que todo lo que nos rodea tiene un proceso natural que debe respetarse. Fue así como mi madre me enseñó que todas las mañanas debía levantarme muy temprano, acomodar mi cama y desayunar antes de salir a trabajar al campo y, si bien me costaba madrugar, esto me enseñó a ser disciplinado. Bien dice el dicho "Al que madruga, Dios le ayuda". Claro está que se debe dormir bien, al menos 7 a 8 horas por día.

Una vez que desayunábamos, mi padre, mi hermano gemelo y yo nos dirigíamos a la finca, la cual era de aproximadamente cuatro manzanas, donde iniciábamos las labores del día.

Cada día había algo nuevo qué hacer y aprender relacionado con la agricultura. Por ejemplo, labrar la tierra, sembrar las semillas, regar lo sembrado y, en algunos casos, cosechar lo que ya estaba listo. Un dato curioso para mí en ese momento era que cada tipo de cultivo tenía condiciones diferentes. Por ejemplo, el culantro se podía sembrar en cualquier instante y lo podíamos cosechar a los 3 meses. En el caso del maíz, se cosechaba 4 meses después de haberlo sembrarlo y así sucesivamente cada tipo de hortaliza tenía su forma y tiempo. Ya con el paso de los años y con el tiempo fuimos aprendiendo a cultivar otras hortalizas y verduras, como el pepino, tomate, cebolla, café, entre otros. En ciertos casos nos iba bien con la cosecha y en otros no tanto. Esto también se debía a la oferta y la demanda, al clima y los costos de sembrar. Sin embargo, a pesar de las circunstancias, mi padre nunca se daba por vencido. Siempre trataba de sacar la tarea adelante.

Toda esta experiencia tuvo un mensaje en mi vida y fue que no siempre todo lo que siembras lo vas a cosechar, sino le dedicaste el tiempo, la paciencia y los recursos necesarios para obtener sus frutos. Las condiciones, así como el tiempo, pueden cambiar en cualquier momento, ya sea que esté a tu favor o en contra. Todo en la vida es un proceso natural y, posiblemente, vas a cosechar cosas buenas y otras no tanto. Pero, sin importar cuán malo fue, se puede empezar de nuevo.

Hoy puedo decir que la vida en el campo enseña muchas cosas. Inclusive algo que aprendí y que hasta ahora veo, es que todo tiene su tiempo y su momento y no debemos acelerar nada. Si no tienes la paciencia necesaria, la naturaleza te la cobrará muy caro.

Esta enseñanza hoy en día es difícil de comprender porque queremos las cosas ya y en el momento. Esto para sentirnos bien y contentos. Pero, debemos entender que todo tiene un propósito que muchas veces no vemos en el instante. Así que no hay de qué preocuparse, la naturaleza es sabia y con el tiempo dará sus frutos siempre que te levantes cada mañana, acomodes tu cama, desayunes bien y salgas con la actitud de que será un buen día para sembrar algo bueno para ti.

### No quería estudiar...

Cuando terminé la escuela, allá por el año de 1986, tomé la decisión de no asistir al colegio. Esto lo hice debido a que éramos una familia de bajos recursos y, en muchas ocasiones, el dinero no alcanzaba. Esta situación me llevó a trabajar más tiempo en el campo. De hecho, solicitaba trabajo a otros agricultores que colindaban cerca de la finca de mi padre. Fue así como estuve 2 años realizando actividades de agricultura. Sin embargo, con el tiempo me di cuenta de que estas actividades estaban desapareciendo en la zona. Esto se debía a cambios en el uso de la tierra, como urbanizaciones, bajos precios en los cultivos o la preferencia por contratar mano de obra adulta. Lo anterior me dejaba a mí por fuera de las contrataciones.

Ya finalizando la época de los años 80, mis hermanos tomaron la decisión de ir al colegio. Esta idea no fue muy de mi agrado, ya que me sentía presionado a ir yo también. Fue aquí donde mi mamá me insistió y un tío por otro lado me dijo que nos apoyaría económicamente con los útiles y uniformes necesarios si asistíamos. Después de pensarlo unos días me dije: "¿Bueno, por qué no?". Fue entonces que mis padres nos matricularon a mis hermanos y a mí en el colegio.

Los tres primeros años no fueron fáciles, me costaban algunas materias, sobre todo los idiomas. Sin embargo, como decimos aquí en Costa Rica ahí vamos "a brincos y a saltos", con algo de ayuda y esfuerzo, pasando las materias. No obstante, cuando llegué a tercer año de colegio, me sumergí en el mundo de la música metalera y vaya que me metí en serio. De hecho, empecé a bajar las notas, pues pasaba mucho tiempo escuchando música, asistiendo a conciertos locales y vistiendo camisetas negras con conjuntos de música de metal pesado. Esto era algo raro para la época y sobre todo en Costa Rica. Esta situación me llevaba a estar en ambientes en los cuales yo quería encajar, no obstante, también me distraían de los estudios. Fue tal mi distracción que reprobé el noveno año de colegio y los problemas se me vinieron con mis padres. Esto se sumó a la etapa de la adolescencia, que como ya saben, es algo complicada.

Fue así como al año siguiente tenía que repetir el noveno. Sin embargo, decidí que mis padres no debían seguir pagando mis estudios. Esto era mi responsabilidad y yo debía pagarlos. Me dolía saber que ellos, con mucho sacrificio ya habían estado pagando mis estudios en el colegio. Fue así como empecé a buscar un empleo para cubrir mis propios estudios y valerme por mí mismo en otras cosas.

Esto no fue sencillo. En la provincia de Alajuela, donde vivíamos, las actividades económicas no eran muchas y la oferta de trabajo era escasa. Esto sumado al hecho de que había muchas personas buscando trabajo, lo que me obligaba a competir con ellas.

Pero, volviendo a la situación con mis estudios, me matriculé en el colegio nocturno, con el fin de combinarlo con un empleo durante el día. Después de varios meses de buscar trabajo, un amigo me recomendó en una fábrica de manufactura de alfombras y así fue como empecé con mi primer empleo como operario. Con este trabajo y un nuevo horario para asistir al colegio, me sentía muy presionado a trabajar bien y demostrar que era un buen operario y también un buen estudiante.

Como les dije anteriormente, el trabajo era escaso en la zona, así que debía cuidar mucho este empleo. Con este nuevo comienzo, aprendí que en la vida se puede empezar con nuevas oportunidades, no obstante, esta vez más consciente de las cosas que uno hace.

En esta etapa de mi vida ya nos encontrábamos en la época de los 90, la cual fue una década de muchos cambios en el entorno político, económico y social. Incluso Costa Rica ya participaba en su primer mundial de fútbol, en Italia 90.

Con el paso de algunos años, las situaciones cambiaron y el trabajo que tanto cuidaba ya no estaba funcionando bien. La empresa donde trabajaba pasaba por una situación muy complicada en la venta de las alfombras, y esto se debía a la fuerte competencia de este producto en el mercado internacional y fue aquí donde me encontré al borde de perder mi trabajo. Pero, como dije antes, la vida te puede dar nuevas oportunidades.

La empresa hizo un cierre técnico, mientras encontraba la forma de vender mejor su producto y volver a operar la planta.

Fue así como despidió a todos los operarios. Pero, curiosamente, el día en el que se dieron los despidos de todo el personal mi jefe me llamó a su oficina para ofrecerme un trato: Daniel queremos que te quedes trabajando con nosotros, haciendo muestras de alfombras nuevas para el mercado de Estados Unidos. Esto se debió a que yo no era tan rápido, ni tan bueno como los otros operarios. No obstante, yo era el que más conocía de estilos y diseños. Esta oportunidad me permitió continuar trabajando en la planta, aunque fuera solo. Tiempo después, la planta logró abrir sus puertas y operar nuevamente en la fabricación de alfombras. Así que de esta etapa aprendí algo muy interesante: si bien no era el operario más productivo en términos de volumen, sí era considerado como alguien a quien que le gusta aprender cada día algo nuevo, cualidad que a los demás operarios no les gustaba.

Para ellos, su único objetivo era producir tantas unidades como pudieran, debido a los incentivos adicionales al salario que recibían. Sin embargo, esto no les garantizó seguir en la organización.

Con el tiempo, la empresa no sobrevivió más y cerró de forma definitiva. Fue así como me puse a buscar un nuevo empleo en otro lugar. Con el transcurso de los días, me sucedió algo curioso, extraño, bueno, no sé cómo llamarlo.

Mi padre trabajaba como oficial de seguridad en una empresa que mataba y procesaba carne de animales, específicamente vacas y pollos. Según la compañía, durante las noches, al despachar el pollo a los agentes vendedores, se identificaba un faltante en los inventarios de producto terminado cada mañana. Esto suponía como hipótesis que era robado entre los empleados del despacho y el personal de ventas.

Es en este punto en el que entro yo. Mi padre me recomendó para que ingresara a trabajar en el área de despacho, como una especie de espía entre el personal de la bodega de despacho. Claro está que toda la contratación fue manejada en secreto y así logré infiltrarme entre ellos. Lo anterior tenía el fin de ganarme su confianza y tratar de obtener información para poder descubrir cómo lograban robar el producto durante la noche.

Finalmente, después de varios movimientos extraños, el personal que operaba fue despedido y yo fui ascendido a jefe de despacho. Esta noticia me alegró mucho, quizás porque el sueldo era muy bueno. Pero, estaba muy nervioso porque no tenía experiencia para manejar y administrar un personal con muchos años de experiencia. No obstante, decidí asumir el reto de liderar el equipo del área de despacho. Luego de 1 año de ejercer el puesto, ya como jefe de despacho, una noche me encontraba con mi personal alistando y preparando pedidos. Eran ya casi las tres de la mañana cuando, de repente, una flota de vehículos de ventas apareció de la nada, rodeando toda la zona del estacionamiento, principalmente en el área de despacho. Mi sorpresa fue que la empresa y todo lo que había en ella había sido vendido a una corporación más grande. Esto se llevó a cabo unas horas antes, aproximadamente a las nueve de la noche del día anterior. Al llegar las primeras horas del día, todos en la compañía estábamos despedidos.

Con esta experiencia aprendí que en la vida no tenemos nada seguro y que de la noche a la mañana todo puede cambiar. Estaba otra vez desempleado. Debo decir que, paralelamente, en el tiempo que estuve trabajando como jefe de despacho, también me encontraba terminando mis estudios en la carrera de Control de Calidad en la universidad. Esto era un diplomado de técnico, pero al menos ya tenía algo más con qué salir a buscar nuevas oportunidades.

## Las coincidencias de la vida...

Ya habían pasado dos meses sin conseguir un empleo y, después de haber ido a varias entrevistas sin lograr nada, decidí ir un día al parque central, comprar un periódico y sentarme a leerlo. No habían pasado más de 30 minutos cuando un viejo amigo, llamado Pablo, pasó por el frente de donde me encontraba sentado y me dijo: "Daniel ¿qué haces ahí sentado?". A lo que yo le respondí: "Pues buscando trabajo, Pablo". En eso, se me quedó viendo fijamente y me dijo: "Vieras que donde yo trabajo contratan personal para el puesto de operarios. No sé si es lo que estás buscando". Pero, yo no lo pensé y le dije: "Claro que sí, me interesa, Pablo. ¿Qué debo hacer?" y fue cuando él me dijo: "Dame tus datos y en los próximos días te estarán llamando". Fue así como a los tres días, ya me encontraba en la empresa en una entrevista con el jefe de Recursos Humanos. Esta era una compañía que ensamblaba componentes electrónicos para vehículos y teléfonos celulares. Algo curioso que me pasó en la entrevista fue que estaba sobrecalificado para el puesto de operario, ya que tenía un título de diplomado universitario. No obstante a pesar de esto, eso no era un obstáculo para continuar con la entrevista y sí podían contratarme como operario. Así que acepté de inmediato, porque en realidad necesitaba trabajar y, por otro lado, tenía en mente continuar mis estudios en una carrera como Ingeniería Industrial.

Cuando ya llevaba tres meses trabajando en la planta como operario, me ascendieron a un mejor puesto en el área de calidad y despacho. Esto fue una sorpresa para mí y, de hecho, con este cambio ya me sentía trabajando en lo que había estudiado. El tiempo pasó y el horario laboral era complicado para asistir a mis clases en la universidad. De hecho, los compañeros de la universidad se molestaban por mis ausencias y atrasos en las tareas grupales. Pero, como dije al inicio, todo pasa por algo.

Al cumplir un año y medio en el área de calidad, nos pidieron que trabajáramos horas extra y días feriados. Si bien nos pagaban muy bien, esto resultaba muy cansado para todos. En mi caso, el dinero ya no era prioritario, necesitaba estudiar en mejores condiciones y con más tiempo. Recuerdo un día en el que todos hicimos hasta huelga de hambre, con el fin de que nos dejaran salir temprano de trabajar, pero no logramos nada, todo seguía igual en el departamento. Esta situación ya me tenía frustrado, porque en el fondo solo quería más tiempo para dedicarme a los estudios universitarios y alcanzar esa meta.

Un día, un compañero de la carrera de Ingeniería me propuso ir a trabajar con él como su asistente en el laboratorio de calidad de una empresa de alimentos. Esto no me llamó la atención desde el principio. Pero, después de analizar pros y contras y de conversar con él, decidí cambiar de trabajo y aceptar su propuesta como asistente. Esta decisión no fue fácil, ya que tenía una excelente líder, un buen grupo de compañeros y me gustaba mucho el trabajo donde estaba. Sin embargo, no podía crecer ahí debido a los extensos horarios. Así que seguí mi camino y entendí que en la vida Dios nos pone en lugares, momentos y con personas para aprender algo y obtener nuevas oportunidades. Esta experiencia te enseña que uno debe seguir su camino en la vida y a no detenernos en un lugar donde ya se cumplió un ciclo, por muy duro que sea a veces, hay que irse.

Cuando llegó el nuevo milenio (año 2000) y con un nuevo trabajo, continué mis estudios de ingeniería industrial. Aunque me resultaba costoso, no solo en términos de tiempo, sino también de dinero, pues apenas me alcanzaba para cubrir mis gastos, empecé a incursionar en otros campos más sociables, como amigos, familia y pareja, entre otros. En esa época no era muy sociable, de hecho, era bastante solitario.

Una vez, una amiga a quien le agradezco mucho me aconsejó que aprendiera a bailar. Bueno, la verdad es que yo no me imaginaba haciéndolo. No obstante, decidí ir a una academia de baile y empecé a tomar clases al menos un día a la semana. Esta nueva experiencia me ayudó a tener una mejor autoestima y confianza en mí mismo, ya que en el fondo aún seguía siendo una persona bastante tímida. El baile y participar en eventos sociales me ayudó poco a poco a salir de mi zona de confort.

**Un nuevo reto personal…**

A inicios del año 2001, continué con mis estudios hacia la Licenciatura de Ingeniería Industrial en una universidad privada que un compañero de trabajo me recomendó. No obstante, no me había percatado de lo largo que tenía que viajar en el transporte público. Eran 4 horas en total de viaje, sumando la ida como el regreso, desde mi trabajo hasta la universidad. Sin embargo, como he dicho, hay que salir adelante con la tarea, así que empecé.

Con el paso de los días, me acomodé para viajar después del trabajo a la universidad y otros días tomaba mis clases de baile. Sin embargo, con el tiempo ambas actividades se me empezaron a complicar en tiempo y espacio. Esto me llevó a analizar a qué debía darle prioridad. Algo curioso es que cualquiera pensaría que la universidad debía ser prioritaria en mi vida, pero no fue así. Dejé la universidad ese año y me enfoqué en asistir más tiempo a mis clases de baile, ya no en una sola academia, sino eran dos a las que asistía. Pero ¿por qué lo hice?

Primero, en ese momento me di cuenta de que bailar me hacía muy bien. Esto lo digo por varios motivos. Primero, había logrado una mejor autoestima, lo cual mejoro mis relaciones sociales. En segundo lugar, me ayudó a hacer mucho ejercicio. Tercero, me divertía mucho, sobre todo cuando tuve la oportunidad de participar en grupos de coreografía en algunos eventos que organizaba la academia. Además, me ayudó a tener un mejor círculo de amigos con los cuales salía todos los fines de semana y si bien había dejado momentáneamente la universidad, la verdad es que estaba haciendo aquello que me hacía muy feliz. Es así como me di cuenta de que en la vida hay un tiempo para cada cosa.

Pasado ese año y después de disfrutarlo tanto, empecé a tener la necesidad de seguir estudiando y volver a lo que había iniciado un año atrás: mi Licenciatura en Ingeniería Industrial. Fue entonces, a inicios del año 2002, cuando empecé a buscar nuevamente una universidad para continuar. Esta vez no me iba a equivocar, sino que iba a buscar, comparar y seleccionar la universidad que mejor se ajustara a mis necesidades. Ese mismo año comencé con muchas fuerzas y me enfoqué en terminar lo que había empezado.

¿Qué aprendí en esta etapa de mi vida?

Todo camino en la vida es incierto, hasta que tomamos la decisión de empezar a caminar de nuevo. En él encontraremos muchos obstáculos: unos fáciles, otros muy difíciles. Pero, siempre habrá forma de enfrentarlos y quizás algunos no tendrán solución y es ahí donde podemos visualizar una nueva ruta, con miedo, con incertidumbre, pero con la convicción de que el viaje será emocionante y que a algún lugar llegaremos, aún sin saberlo.

Mis etapas vividas entre mi niñez y la etapa adulta me enseñaron lo bonito y divertido que puede ser el mundo cuando olvidamos que las cosas no siempre son como las queremos. Pero, que en el fondo sí son las que necesitamos para vivirlas con plenitud. No digo con esto que el camino sea fácil, no obstante, tampoco es difícil. Todo es cuestión de entender cómo se ve el mundo en sus distintas fases.

Al inicio de nuestras vidas, nuestros padres nos acompañaron y ayudaron con todo lo mejor que tenían. Si bien en mi caso nunca pudieron darme todo lo que necesitaba, sí me enseñaron a luchar por las cosas que quería en la vida. Es ahí donde valoré que mi madre me levantaba temprano todos los días y que mi padre me enseñó todo lo que sabía de sembrar y cosechar en el campo. En la vida cosecharemos todo aquello que sembremos en nosotros mismos y en las demás personas, no obstante, las cosas no siempre saldrán como queremos. Pero, podemos disfrutar del viaje y ver lo bueno que sale en el camino. No hay que olvidar que la vida nos da todo el tiempo nuevas oportunidades para salir adelante y empezar de nuevo.

## NADIE LOGRA NADA EN ESTA VIDA SI NO ES POR LA AYUDA DE OTROS

Con el paso de los años he conocido a muchas personas que han sido parte de mi vida hasta hoy: algunas en el ámbito laboral, otras fueron compañeros y compañeras de la escuela, el colegio, la universidad y otras que he conocido en mi vida cotidiana y social. Cada una con características y personalidades muy distintas, algunas extrovertidas y otras introvertidas. Algo que aprendí en el camino es que ha sido importante conocer personas que me ayudaran y aportaran a mi crecimiento personal, para cumplir mis metas y objetivos. Algunas por un interés y otras por el solo hecho de ayudarme. Además, también conocí personas que me criticaron, se burlaron o me afectaron de alguna manera. Pero, por otro lado, sin ellos no hubiera tenido la retroalimentación en aquellas cosas que podría mejorar y aprender. Algo que podemos entender sobre las personas que vamos conociendo en el camino es que la vida nos las pone con algún propósito, intencional o no intencional, aunque de primera mano no lo veamos. Cada persona que conocemos en cada etapa de nuestro camino tiene un fin, alguna misión que de momento no vemos, pero el tiempo lo dirá. No sé si te has preguntado por qué conocí a esta persona, por qué me hizo eso que no me gustó o si esta relación con esa persona tiene un propósito.

A través de nuestra existencia conocemos a personas por algún motivo o casualidad en la vida, personas que nos presentaron, que nos encontramos en el camino, en una estación de autobús, en un pasillo, en una actividad social o que llegan a ser parte de nuestro círculo social o familiar. Sin embargo, volviendo al punto, una vez vi o escuché una frase que me encantó y que decía: "**Nadie logra nada en esta vida si no es por la ayuda de otros**". Vaya que sí es cierta esta frase, si la analizamos desde nuestros inicios. Nuestros padres fueron las primeras personas con las que crecimos y fueron también con quienes dimos nuestros primeros pasos en la vida, por ejemplo, comer, hablar, aprender a caminar, jugar, entre muchas cosas más. Para el caso de otros, quizás tuvieron una ayuda muy diferente, por ejemplo, tutores, niñeras, tías, entre otros. No obstante, en esta etapa de la vida aún somos muy vulnerables y dependientes de los adultos. Por lo tanto, hay que esperar y aprender con el tiempo para valernos por nosotros mismos y es así como con el paso de los años empezamos a realizar muchas actividades por nuestra propia cuenta, por ejemplo, caminar, correr, andar en bicicleta, jugar, socializar, practicar algún deporte, leer, asistir a la escuela, colegio, universidad, entre muchas cosas más. No obstante, también con el tiempo descubrimos algo que se vuelve relevante para nosotros y son las relaciones sociales y familiares.

Las relaciones personales son un pilar importante en nuestra felicidad. Cuando me refería a la frase: "Nadie logra nada en esta vida si no es por la ayuda de otros", me refería a lo relevante que es conocer y compartir con esas personas y con esto tampoco me refiero a buscar personas y socializar con ellas. Creo fielmente que la calidad es mejor que la cantidad en las relaciones que podemos cultivar para nuestra vida.

La vida es un viaje en tren, en el cual se suben y bajan las personas que viajaban a nuestro lado, pero ellos tienen su propio destino y este dilema nos muestra que las personas que nos rodean no siempre estarán con nosotros. Aunque en algunos casos no nos guste el hecho de perderlas, por el motivo que sea. Su objetivo o fin con nosotros debe terminar de alguna manera, para que nosotros podamos continuar con el camino.

Pero, si vemos el lado positivo de cada persona con la que compartimos cada una de esas vivencias, nos daremos cuenta de que tuvieron un propósito con nosotros. Lo que es definitivo es que las personas que nos rodean tendrán un tiempo definido y que lo bonito no siempre perdura. Así que hay que disfrutarlas mientras se pueda.

Les voy a contar una anécdota que viví en el año 1994. Por esa época, me encontraba estudiando aún en el colegio nocturno, específicamente en quinto año y a vísperas de graduarme de la secundaria.

Por lo general, un estudiante que cursa el quinto año ya busca una carrera y a qué universidad asistirá, pero este no fue mi caso. Yo aún no sabía cuál era mi destino o qué carrera deseaba estudiar. En el fondo, me encantaban las ciencias naturales o todo aquello que tuviera que ver con el ambiente. Esto se debía a que crecí en el campo y también porque un antiguo exprofesor del colegio me inspiró mucho con esos temas relacionados con la naturaleza y la ciencia.

Fue así como una noche durante el receso en el colegio se me acercó mi exprofesora de orientación, a la cual le tenía mucho respeto. Se dirigió a mí y me dijo que un colegio universitario había otorgado al colegio nocturno 20 becas universitarias, con el fin de ayudar a estudiantes que desearan estudiar alguna de sus carreras profesionales. Fue así como me preguntó si yo estaba interesado en una beca con ellos. En ese momento, no lo pensé y la acepté de una vez, aun sin saber si encontraría una carrera de acuerdo con mis intereses.

Poco tiempo después, visité las instalaciones del colegio universitario. Allí me reuní con un asesor académico que me explicó las distintas carreras técnicas que ofrecían, los plazos y las condiciones para ingresar. Debo ser honesto, la situación aún era limitada económicamente en mi casa, por lo que no podía aspirar a otras universidades públicas o privadas para estudiar algo relacionado con la gestión ambiental o las ciencias naturales. Así que ingresé al colegio universitario a la carrera de control de calidad, al año siguiente de graduarme del quinto año.

Una vez que inicié mi carrera y trabajé en una fábrica de alfombras, la cual no andaba muy bien, como les conté en el capítulo anterior, me esforcé en matricular el bloque completo y ganar todas las materias que podía. Esto era para mantener la beca y avanzar. Debo decir que esta beca me ayudó mucho económicamente, ya que mi salario apenas me alcanzaba para cubrir las necesidades básicas, así como para contribuir a los gastos de la casa. Con el paso del tiempo pude llevar un ritmo constante entre los estudios y el trabajo. Pero, algunas veces me sentía agotado y apenas lograba aprobar los cursos. Fue así como en un cuatrimestre del segundo año de la carrera empecé a fallar y reprobé la materia de Estadística I. Esta situación hizo que me revocaran mi beca y perdiera el beneficio económico que cubría parte de las materias. Les cuento esto con tanto detalle quizás porque en el momento de perder mi beca me desanimé mucho, me afectó económicamente y ahora tenía que sacar más dinero para poder cubrir la totalidad de todas las materias. Pero, bueno, era cuestión de animarme yo mismo y seguir adelante para terminar rápido la carrera.

Al cuatrimestre siguiente, para mi sorpresa, la universidad tenía la necesidad de cambiar y actualizar el programa de la carrera de control de calidad. Por lo tanto, debía agilizar el avance de las personas estudiantes regulares y tener listo el nuevo programa para las personas discentes de nuevo ingreso. Esta etapa de transición en la carrera me benefició porque abrieron un curso extraordinario de Estadística I para estudiantes rezagados o con el curso pendiente, lo cual me ayudaría a no atrasarme con el programa.

Tiempo después pude ingresar nuevamente a estudiar al curso de Estadística I con otros estudiantes de esta carrera. Fue ahí donde conocí a un señor a quien llamaré don Carlos, el cual se volvería en el futuro mi compañero en la carrera de Ingeniería Industrial en otra universidad. Para finales del año 1997, todos los estudiantes que estábamos estudiando la carrera de control de calidad logramos graduarnos. Este fue mi primer título universitario y mi primera meta personal. No obstante, en ese mismo momento me quedé sin trabajo debido a que la empresa donde laboraba quedó en bancarrota ( la recuerdan, la fábrica de alfombras de que les hablé) . Por tanto, tuve que buscar un nuevo empleo, pero al menos ya era un recién graduado. Fue aquí cuando me encontré con mi amigo Pablo ¿lo recuerdan? quien me ayudó a conseguir un empleo como operario. Bueno, lo cierto es que estos dos acontecimientos de perder el curso de Estadística I y de conocer a don Carlos en el curso cambiarían mucho el rumbo de mi historia.

A finales del año 1998 estaba en una empresa de componentes electrónicos donde se me dificultaba mucho poder seguir estudiando. Por lo tanto, quería cambiar a otro trabajo donde tuviera más tiempo para continuar mis estudios. Fue así como un día venía caminando por un parque en el centro de la ciudad y, por casualidad, me encontré a don Carlos, el mismo compañero que conocí en Estadística I tiempo atrás. Nos saludamos y, aprovechando el momento para hablar un poco, don Carlos me dijo que andaba buscando un asistente para trabajar con él en un laboratorio de aseguramiento de calidad en la compañía en la que laboraba. Me habló un poco de los beneficios que tendría en la empresa, incluyendo el tiempo para estudiar. La idea me interesó por la oportunidad que me daba para estudiar con un horario flexible, pero tenía que pensar y valorar otras cosas.

Tendría que perder a cambio de esa oportunidad, trabajar por un salario menor y no tendría algunos incentivos con los que contaba en la otra empresa. No obstante, después de pensarlo varios días y estimar los pros y los contras, decidí aceptar la propuesta de don Carlos de ser su asistente.

Debo decir que don Carlos insistió varias veces para que me fuera a trabajar con él y vaya que sí le agradezco esa persistencia. Hoy aún me encuentro en esa empresa. Al final, pude continuar bien con mis estudios y, de hecho, hoy tengo ya diversos títulos universitarios ganados. Ya con esta experiencia aprendí que, para ganar algo mejor en la vida, debes dejar ir aquello que no te deja crecer por mucho que duela. Y con esta reflexión debo decir que todas las personas son parte de nuestra vida y cada una tiene un fin, un propósito o un sentido que muchas veces no entendemos, ya sea que nos guste o no algunas veces su compañía. Debo reconocer que nadie logra nada en esta vida sino es por la ayuda de otros.

## TODO LLEGA A SU TIEMPO NI ANTES NI DESPUÉS

Algo que a través de los años he aprendido algunas veces por las buenas y otras por las malas es que todo llega a su debido tiempo ni antes ni después. Pero ¿esta es una casualidad, o bien es la construcción de nuestro propio destino? ¿Será la ley de la atracción? ¿O es acaso la fe en que las cosas llegarán en su debido momento? Estas son interrogantes que no solo nos las hacemos de forma constante en nuestra mente, sino que también son situaciones que vivimos en cada instante de nuestras vidas.

A través de la historia, el ser humano ha evolucionado y subsistido mediante prueba y error, ya sea ante una situación, circunstancia o decisiones que toma en un momento dado, creando en el tiempo un sistema de vida social. Claro está que esto lo podemos ver cuando conocemos distintas culturas, creencias y cambios en nuestro entorno. Por otro lado, todo lo que sucede a nuestro alrededor se interrelaciona, de manera que en algún instante algo o alguien hace algo que tarde o temprano se cruzará en nuestro camino, o bien provocará un cambio en el destino de nuestras vidas, lo que genera un nuevo rumbo en la historia. Si recordamos muchas anécdotas que vivimos en cada momento, algunas alegres y otras tristes, nos daremos cuenta de que marcaron nuestro rumbo o desviaron nuestra forma de ver la vida y algo tuvo que pasar para que eso llegara directamente a nosotros en el lugar y momento justo, ya sea la ayuda de una persona, un dinero que necesitábamos, un favor, resolver un problema o situación difícil. Es aquí cuando decimos esa famosa frase: **"Llegaste justo a tiempo"**.

Curiosamente, la vida y el universo están en constante cambio y, sin que nos demos cuenta, las cosas se están alineando para hacer modificaciones constantes en nuestra vida. Lo que pasa es que no nos damos cuenta de eso hasta que sucede.

Hoy en día estamos en un mundo muy acelerado, quizás debido a la presión social o al modo de vida que hemos construido con el paso del tiempo. Parte de esto, son los medios de comunicación digital, las redes sociales, la agilidad para comprar algo por Internet, el concepto de comida rápida, buscar el éxito, la fama, el reconocimiento y hasta el poder, nos ha convertido en una sociedad que quiere todo de inmediato, rápido y a veces con el mínimo esfuerzo. De lo que no nos damos cuenta con esto es que nuestra impaciencia no nos permite ser felices en el proceso y algo que nunca olvido es que: "Todo llega para quien sabe esperar". Y esperar es algo que cada vez nos cuesta más entender y respetar como una regla de la vida y la naturaleza. Nuestro planeta se formó durante millones de años, sufriendo constantes cambios en su atmósfera y suelo hasta llegar hasta el punto de ser apto para nuestro nacimiento, crecimiento y evolución. Entonces ¿por qué nos cuesta tanto esperar a que las cosas se den en el tiempo y en el momento justo?

Recuerdo que durante mi niñez, allá por los años 80, había y todavía hay en nuestros tiempos esa presión social o familiar de que debes cumplir las metas que la sociedad o la familia te imponen. Por ejemplo, cuando te preguntan ¿Cuándo vas a empezar a estudiar una carrera? ¿Cuándo vas a tener tu propia casa? ¿Cuándo vas a tener pareja? ¿Cuándo te piensas casar? ¿Cuándo piensan tener hijos? y hasta te dicen cosas como: "Mira que te dejará el tren". De esta forma, tu vida se vuelve en un ciclo de cumplir necesidades o expectativas de las otras personas. Pero en el fondo eres tú el que debe decidir cuándo y cómo hacer las cosas. Claro que entiendo que hay cosas que no deben y no pueden dejarse para después, esto porque el tiempo también pasa la factura y las oportunidades están para aprovecharse. Pero, aquí es donde volvemos al inicio, las cosas llegan en su debido tiempo ni antes ni después.

El tiempo es sabio y te dará las respuestas en el momento exacto, sin olvidar que nuestra vida se basa en cada decisión que tomamos en el instante justo y en el lugar indicado. Aunque planifiquemos nuestras actividades cotidianas, algo podría cambiar el curso de nuestra historia. Como les comenté antes, conocer a don Carlos y perder el curso de Estadística I cambió el rumbo de mi propósito en la vida.

Esto no quiere decir que nos sentemos a esperar que las cosas ocurran por sí solas, sino analizar y recordar que el tiempo pasa y las oportunidades pueden presentarse en cualquier momento en el camino de nuestra historia.

Esto lo podríamos ver no solo en nosotros, sino también en la vida de las personas que nos rodean. Recuerdo una vez que tuve un compañero en mi trabajo que estaba a la espera de un ascenso en su área de trabajo, de hecho, llevaba ya 2 años preparándose y esperando. Hasta que un día tuvo un enfrentamiento con sus compañeros y, si bien tenía algo de razón, la forma en la que lo manejó no fue la mejor, esto hizo que lo despidieran. Ese día llegó donde yo estaba y me dijo que no era justo lo que le pasaba. Yo, en mi ánimo de levantarle la moral, le dije que él era muy capaz y que encontraría algo bueno en otro lugar. Esto no fue fácil para él, ya que tenía una familia y responsabilidades económicas por cumplir.

El tiempo transcurrió y fue así como lo llamaron de otra empresa, donde lo contrataron y le ofrecieron un mejor puesto, un mejor salario y mejores condiciones de trabajo. Tiempo después me lo volví a encontrar y conversamos sobre todo lo que le había pasado mientras nos tomábamos un café. Lo noté muy feliz por lo que había encontrado en el nuevo trabajo. Pero, fue ahí donde se dio cuenta de que las cosas pasan por algo y que siempre hay una nueva puerta en el camino.

Las circunstancias de la vida nos pueden asustar de vez en cuando, tienen la posibilidad de preocuparnos, nos hacen enojar y nos ponen a veces de rodillas con sus pruebas. Pero, en el fondo hay un propósito que de primera mano tal vez no vemos, no obstante, con el tiempo terminará siendo lo mejor para nosotros. El tiempo siempre te dará la razón de las cosas.

Propósito de vida

Desde que nacemos, en algún momento de nuestra vida nos hemos preguntado: ¿Por qué estoy aquí? Esta pregunta nos hace reflexionar sobre nuestro propósito. Esto se debe a que, sin que nos demos cuenta, estamos llevando nuestra vida como un guion social o cultural, de acuerdo con las creencias que posiblemente nos inculcaron nuestros padres o familiares desde pequeños. Como se mencionó antes, vamos por la vida tratando de encajar en una sociedad cada vez más diversa y que espera mucho de nosotros. Es en este punto en el que podemos hacernos la siguiente pregunta: ¿Por qué hago lo que hago? ¿Tiene algún sentido para mí o es por buscar la aceptación de los demás? ¿O es porque creo que me dará la felicidad que constantemente estamos buscando?

En lo personal, creo que la vida tiene sentido en la medida en la que vamos explorando nuestro interior y trabajándolo diariamente para construir una mejor versión de nosotros mismos. No obstante, esto no lo vemos en la mayoría, sobre todo cuando vemos tantas injusticias en el mundo. Es ahí donde te cuestionas qué sentido tiene hacer lo que hago cada día. La respuesta posiblemente solo cada uno de nosotros la sabe. Pero, en el fondo muchas veces no la buscamos por el simple hecho de que vivimos cada día haciendo lo mismo y, aunque la vida nos pone pruebas para cambiar nuestro rumbo, la verdad es que somos nosotros los que podemos cambiar y mejorar las cosas que hacemos. Sin embargo, para esto hay que trabajar en nuestras emociones, nuestros sentimientos y sobre todo en un propósito de vida. Este propósito puede ser desde una carrera que nos guste, un nuevo lugar donde vivir, conocer nuevas personas, aprender algo nuevo, dejar huella en los demás con aquellas cosas en las que somos buenos, practicar la bondad, ver las cosas de manera positiva y afrontar los retos diarios entre otros. Sobre todo, en aquello que te aporte felicidad y tratando de no lastimar a otros de forma intencional.

El propósito de vida es importante, ya que en él radica nuestra felicidad. Es en este punto en el que nos podemos sentir más plenos y realizados. Cada uno sabe lo que lo puede hacer feliz en un momento dado, hasta en el más pequeño detalle o acontecimiento en la vida.

Por ejemplo, pensemos en tomar un café con una persona que apreciamos, tener una conversación, cumplir un sueño o meta, realizar un viaje por pequeño que sea, estar cerca de las personas que amamos, ayudar a alguien, comprarnos algo bonito para ponernos, cantar, bailar o simplemente sentarnos a contemplar la naturaleza. La vida puede ser tan bella dentro de lo sencillo y simplemente creo que muchas veces lo complicamos por el hecho de complacer a otros o porque nosotros mismos lo hacemos complicado. Hay que recordar lo importante de saber quién eres, a donde vas y como lo vas hacer.

Si bien nuestro propósito de vida no es siempre como queremos, debemos entender que lo vamos construyendo con cada decisión que tomamos, sea buena o mala. Y cualquiera que fuera el resultado, fue algo que hicimos en el momento con la información que teníamos a mano. Las consecuencias positivas o negativas vendrán después, pero habremos vivido y aprendido de esto.

Los errores también son parte de nuestro paisaje interno, así que no hay que martirizarse creyendo que la vida no vale la pena. Todo en esta vida pasa tarde o temprano y como inicié este capítulo, todo llega en su debido instante cuando empezamos a creer en el proceso.

# COVID 19, LA PANDEMIA QUE CAMBIÓ AL MUNDO

El 6 de marzo de 2020, los noticieros y las emisoras de radio anunciaron el primer caso en Costa Rica del virus de la COVID 19, un virus que aterrorizaba al mundo entero y que, según los medios informativos, tenía su origen en China. Fue así como la Organización Mundial de la Salud lo declaró peligroso y sumamente contagioso. Esta situación llevó a los países a tomar medidas de confinamiento y suspender actividades económicas y sociales, como vuelos, conciertos, eventos religiosos y deportivos o cualquier situación que congregara a personas. Esto también incluyó algunas actividades en el trabajo de muchas organizaciones manufactureras y de servicios.

Los gobiernos instaron a la población a permanecer en sus casas, a evitar reuniones familiares, a practicar el distanciamiento físico y a fomentar el teletrabajo en las instituciones públicas y privadas. Todas estas situaciones, entre otras que se presentaron, crearon en la ciudadanía un pánico e incertidumbre que nunca habíamos vivido, al menos en nuestro tiempo. De hecho, no estábamos preparados para vivir en el confinamiento, ni tampoco a distanciarnos de nuestros seres queridos de manera física. En mi caso, se puede decir que esta pandemia me generó mucha ansiedad, una incertidumbre y temor que nunca había experimentado. Esto debido a que no sabía cómo podría afectarme, tanto en mi vida personal, familiar y en mi trabajo.

Recuerdo tristemente cómo anunciaban los despidos masivos en algunos lugares como por ejemplo cines, restaurantes, tiendas entre otros debido al cierre de sus actividades. En otros ámbitos, las personas salían a los supermercados a comprar desesperadamente todo lo que podían, como si se fuera a acabar el mundo, de hecho, recuerdo como las personas hacían grandes filas para comprar todo tipo de artículos, sobre todo de limpieza y desinfección. Además, se dio algo curioso, el famoso caso de la escasez de papel higiénico en los supermercados. también el gobierno solicitó el cierre temporal de los centros comerciales, tiendas o comercios independientes, lo que limitó la compra de artículos de consumo masivo y de uso diario. Esto para evitar la aglomeración de personas. También suspendieron las clases en todos los centros educativos, desde escuelas, colegios y universidades. Esto provocó que las autoridades de cada centro educativo debieran promover el uso de Internet para que las clases se dieran de manera remota. No obstante, esta opción no estaba al alcance de todos. Más de 200.000 niños no tenían acceso a Internet o a equipos disponibles para recibir sus clases aquí en Costa Rica. Recuerdo como más de un maestro o docente tenía que imprimir copias de las clases y llevarlos a los padres, incluso en la calle.

El caos que se estaba generando en el ámbito mundial por la COVID 19 me llevó a investigar sobre el tema, esto para entender de una mejor manera lo que estaba sucediendo y cómo nos podía afectar aún más. No obstante, la información todavía no era lo suficientemente clara para entenderlo. Sin embargo, había suficiente información para tomar las medidas sanitarias necesarias, hasta tanto se pudiera observar el comportamiento en la población con respecto a este virus.

Los noticieros eran alarmantes por los casos de fallecidos, en la forma horrible que morían en las calles, en sus casas debido al confinamiento y la falta de asistencia médica, sin embargo, también había mensajes de apoyo y solidaridad a la ciudadanía, todo con el objetivo de alivianar el impacto emocional que estaba produciendo este virus. Todos los días veíamos la transmisión de la conferencia de prensa que hacía el gobierno para informar y tranquilizar a la población. Asimismo, se empezaron a dar cierres de comercios y esto estaba dañando la economía de muchas familias, emprendedores, negocios y actividades sociales. Fue lamentable escuchar por radio la cantidad de personas que perdieron hasta sus casas por no poder seguir trabajando y, por consiguiente, tampoco podían pagar a los bancos los préstamos y, aunque hubo algunos días de tregua con los deudores, no fue suficiente. Las restricciones vehiculares también afectaban al comercio, sobre todo los fines de semana, porque solo se podía salir un sábado o domingo según el número de matrícula del vehículo. En el caso de los hoteles o centros turísticos, el volumen de visitantes permitido era solo del 50 % de ocupación.

En los colegios y universidades tuvieron que suspender las graduaciones. Aquí recuerdo que las personas se las ingeniaron para apoyar los alumnos con caravanas de carros adornados con globos y decoraciones alusivas a la graduación. Esto también se aplicó para celebrar los cumpleaños, matrimonios, bautizos, aniversarios, entre muchos otros. Estábamos viviendo con algo para lo que no estábamos preparados, pero que debíamos enfrentar y sobre todo entender. De hecho, muchos eventos se realizaron vía remota con plataformas digitales, por ejemplo, Zoom, Meet, Teams u otras, así como las redes sociales. Es decir, estábamos viviendo una nueva realidad de cómo hacer las cosas.

Si bien el confinamiento no era obligatorio en Costa Rica, como se vio en otros países de Europa, se buscaba que la población entendiera la necesidad de estar en sus hogares hasta que los casos disminuyeran. No obstante, lamentablemente muchas personas no lo hicieron y más bien provocaron casos masivos de personas contagiadas con el virus covid-19. Esto también se sumó a migrantes contagiados que llegaban al país. Los centros médicos empezaban a saturarse de personas contagiadas y se necesitaba cada vez más personal para atenderlas. Sin embargo, el panorama empezó a empeorar a tal grado que se incrementó el número de fallecidos en los hospitales, quienes no pudieron tener un funeral digno con sus familiares. La verdad es que no estábamos preparados para enfrentar algo así.

## Las Oportunidades...

Con el confinamiento, muchas personas emprendedoras y comercios tuvieron que empezar a cambiar su forma de hacer negocios y buscar un nuevo sustento para sus familias. Otros sectores se vieron fortalecidos y sacaron provecho de eso, como fue el caso de los comercios que vendían alcohol en gel, mascarillas, guantes, desinfectante, entre otros.

Durante los inicios de la pandemia empecé a sentirme algo frustrado, sobre todo por las cosas que teníamos que cambiar y empezar a adaptarnos. El ánimo en las personas era algo incómodo, porque todos tenían que guardar distancia entre sí, evitar saludos físicos y estaban las limitaciones de no poder visitar a nuestros seres queridos o socializar con otras personas. Además, el hecho de tener que saludar a las personas de lejos daba un sentimiento de soledad. De hecho, muchas personas empezaron a sentir ansiedad y depresión, a tal grado que manifestaban enojo, miedo y frustración. Así que este estado de confinamiento incrementó el uso de las redes sociales, los videos y las plataformas digitales para mantener aún el contacto visual con los parientes y amigos.

Otro tema que tuve que empezar a aprender fue gestionar las compras por Internet en cosas que por lo general no compraba antes de la pandemia, por ejemplo, los alimentos del supermercado. El gobierno impuso la restricción vehicular para salir a hacer las compras los fines de semana. Estas estaban limitadas a un solo día y en algunos casos solo se podían comprar alimentos, lo que aun más desesperaba a las personas.

Por otro lado, en el ámbito laboral y académico tuve que aprender y utilizar con mayor frecuencia las plataformas digitales para comunicarnos, recibir capacitaciones, dar mis clases en la universidad o hacer reuniones. Por ejemplo, con Zoom, Meet o Teams. Y creo que muchos tuvimos que acostumbrarnos desde casa a conectarnos de esta manera con el mundo. Si bien ha sido una gran solución, no es lo mismo que interactuar personalmente con otras personas en lo presencial. Todo esto estaba cambiando la forma de cómo hacer las cosas.

De hecho, pasaron muchas situaciones curiosas cuando se daban las reuniones por medio remoto. Por ejemplo, cuando hablabas y nadie te oía porque estabas con el micrófono apagado, o bien con la cámara encendida, todos los demás podían ver lo que pasaba a tu alrededor. Además, se escuchaban los perros, los niños jugando, los vecinos gritando, las motos, los carros o cualquier otra cosa. De hecho, algo muy recurrente que siempre le pasaba a alguien era que se desconectaba porque el Internet o el fluido eléctrico fallaban.

Muchos fueron los memes que vimos por redes sociales sobre todos los incidentes que se presentaron durante las sesiones de trabajo y educación en las plataformas (Zoom, Meet, Teams, entre otras). Estos acontecimientos nos llevaron a adaptarnos a muchas cosas y circunstancias normales para unos y nuevas para otros. Lo que sí fue real es que las cosas cambiaron y nuestro sistema de vida debió adaptarse a la nueva realidad durante y después de la COVID 19.

Algo que estaba aprendiendo de toda esta situación, era que el mundo estaba cambiando de una manera muy rápida y lamentablemente a costa de un dolor humano. La pandemia demuestra que las modificaciones en nuestra vida pueden ocurrir en cualquier momento y sin previo aviso. Por lo tanto, también debemos adaptarnos a ellas, incluso si no los comprendemos en ese instante.

Si hablamos de las secuelas que dejó la pandemia de la COVID 19 en 2020 y 2021, entre estas está el hecho de valorar más la vida y entender que si no la cuidamos podemos perderla en cualquier momento. Esto no significa que no podamos perderla de otras formas. Pero, debemos saber que cada día que tenemos es una nueva oportunidad para vivirla y aprovecharla al máximo.

Recuerdo que alrededor del mundo la COVID 19 estaba cambiando la forma en la que hacíamos las cosas. Fue horrible ver por televisión y en las redes sociales la gran cantidad de muertes o contagios que se producían, así como la manera en la que tenían que enterrar o incinerar a los cadáveres sin una ceremonia digna. Además, el confinamiento trajo otras consecuencias como divorcios, peleas entre familiares, discusiones y personas que perdieron sus empleos o negocios.

No obstante, otras personas encontraron oportunidades laborales al descubrir nuevas formas de hacer negocios durante la pandemia. Sin embargo, también nos enseñó a apreciar lo que tenemos y que no sabíamos que lo teníamos antes de la pandemia, como fue la libertad, la vida y los seres queridos. Como en toda crisis, las oportunidades pueden surgir de la nada o podemos construirlas en el camino. Todo depende de la actitud que mostremos ante las adversidades de la vida, aunque esto no sea fácil muchas veces. Por ejemplo, en mi caso, tenía mucho miedo de perder mi trabajo. Pero, como dice el dicho: "Las preocupaciones solo existen en nuestra cabeza, si las dejamos crecer". Durante el primer año de la pandemia, mi trabajo se mantuvo estable en la organización y en el ámbito académico (como profesor universitario por la noche). No obstante, con la pandemia surgieron nuevas oportunidades para ofrecer cursos en línea, charlas e incluso conferencias en otros países. Por supuesto, esto no fue solo cuestión de suerte, tuve que aprender mucho sobre cómo impartir clases vía remota, crear nuevos cursos en línea, desarrollar técnicas de aprendizaje, dinámicas, nuevas aplicaciones y pedagogías. Lo cual fue todo un reto para mí.

Mientras todas estas cosas sucedían, a mi alrededor estaban ocurriendo muchos cambios rápidos y no oculté el hecho de que sentía mucha ansiedad por las cosas que sucedían en el mundo y en mi entorno familiar y laboral.

Llegado el año 2021, la vacunación masiva contra la COVID 19 generó mucha incertidumbre y dudas sobre la eficacia de la vacuna, el escepticismo en la población era grande. El gobierno dio prioridad a la población adulta mayor y personas con algún factor de riesgo. Conforme los meses avanzaban, los centros médicos aumentaron las dosis para las demás poblaciones. Aquí se llevaron a cabo muchas iniciativas para ayudar con la vacunación, como los centros comerciales, algunos estadios deportivos, se realizaban vacunaciones inclusive en plena calle, en empresas y otros lugares. Recuerdo que desde las cinco de la mañana las personas llegaban y esperaban ansiosamente la vacuna. No obstante, también había personas que no querían vacunarse y esto ponía en riesgo sus vidas y la posibilidad de contagiar a otros. De hecho, las organizaciones lo convirtieron en un requisito para conseguir un trabajo.

A finales del año 2021 se empezaba a ver un ambiente más tranquilo y una normalidad aún en proceso de retorno. A inicios del año 2022, con el cambio de gobierno, el presidente decidió levantar casi por completo todas las restricciones que impusieron a inicios del año 2020, sobre todo, el uso de la mascarilla. Esto se debió también a las campañas de vacunación y al número de casos de la COVID 19 que disminuyeron, al menos en su grado de peligrosidad. Algo que no puedo olvidar en este capítulo es el buen trabajo que hicieron todas las personas que trabajaron en los centros de salud, hospitales, clínicas y centros especializados para atender a las personas contagiadas por la COVID 19. A esos héroes que cada día y noche tuvieron que enfrentarse a todo tipo de circunstancias, a cada una de las personas que también desde los hogares cuidaron a las personas contagiadas por la COVID 19, a esas personas les doy un "gracias" inmenso.

## Un nuevo comienzo

Algo que me ayudó mucho durante los 2 años de pandemia fue el hecho de que empecé a estudiar psicología positiva. Esto lo hice mediante una especialidad que cursé en una universidad en línea. Esto surgió cuando, en mi trabajo, me di cuenta de que las personas que nos rodean, sobre todo en nuestro trabajo, pueden influir mucho en nosotros o viceversa. En el caso de la pandemia fue evidente ver a muchas personas con depresión, angustiadas, con ansiedad y, sobre todo, preocupadas por lo que iba a pasar con sus vidas. Reconozco que sufrí muchos momentos inciertos sobre lo que iba a pasar y cómo esto también me estaba afectando a mí y a mi familia. Fue así como estudiar psicología positiva me ayudó a pensar un poco más en lo que podía controlar y de qué forma asimilar mejor las cosas que estaban pasando. Además, esta rama de la psicología positiva trata sobre cómo podemos ser más resilientes ante las adversidades de la vida, ya sea en el ámbito personal, laboral o social. Descubrí todo esto cuando terminé de estudiar esta especialidad a finales del año 2020, pero tampoco es una solución mágica. Uno debe analizar bien lo que le pasa y aceptar que debe tomar decisiones sobre las situaciones que vive.

Con la experiencia de una pandemia y las consecuencias que esta trajo consigo, me di cuenta de que todo puede cambiar de un instante a otro, y de que podemos ganar o perder mucho. Todo dependerá de cómo veamos las cosas.

Sé que muchas personas perdieron sus negocios, sus trabajos y hasta seres queridos. Pero, la vida continúa y hay que ser fuertes y sacar pecho por los desafíos que nos pone la vida y, aunque no siempre tenemos la respuesta a mano, debemos entender que todo sucede por algo. Esto sin olvidar que siempre estaremos rodeados de personas que estarán ahí para ayudarnos y apoyarnos en los momentos difíciles.

En conclusión, cada día hay que vivirlo como si fuera el primero o el ultimo, disfrutarlo, superar las adversidades, aprender algo nuevo y no distraerse en aquello que no nos aporta en nuestras vidas. Como he mencionado en los capítulos anteriores, hay que encontrarle un sentido a nuestra existencia mientras estemos aquí. La pandemia de la COVID 19 dejó muchas enseñanzas, entre ellas la de aprender y desaprender constantemente lo que sabemos, porque el mundo que nos rodea está constante cambio y también nos mostró que esto se acaba en cualquier instante. En carne propia presencie la perdida de amigos y conocidos y gente que aun merecía vivir un poco más. Así que cada día vale 24 horas que podemos aprovechar para vivir al máximo, disfrutando de todo aquello que nos rodea y que no sabíamos que lo teníamos, como fue la libertad y las personas que nos rodeaban.

El covid 19 no fue solo una pandemia que nos golpeó, fue un acontecimiento que nos hizo reflexionar y valorar sobre las cosas importantes para la vida.

# LAS PERSONAS LE TIENEN MIEDO A LO QUE NO ENTIENDEN

El miedo quizás es uno de los sentimientos que más experimentamos y claro ¿por qué no sentirlo? Si desde pequeños empezamos a conocer el mundo y conforme pasan los años vamos experimentando nuevas emociones, muchas muy divertidas y otras no tanto. Muchas de esas experiencias nos marcaron en creencias que hoy no nos permite crecer o bien ver la vida con ojos diferentes. Se dice que éxito de una persona está detrás del miedo que logra superar. Pero es ahí donde está la situación ¿cómo superar nuestros miedos? Esto se debe a que las experiencias del pasado nos dejaron marcados en lo emocional y, en algún caso, en lo físico. Pero, podemos ver ese sentimiento de otra manera si aprendemos de esto y empezamos a profundizar en sus causas. La palabra miedo, en muchas ocasiones, nos frena para no hacer cosas que en el fondo deseamos. Esto se debe a que desconocemos el posible resultado y esto nos genera una incertidumbre que nos limita y nos hace ir hacia atrás en cualquier decisión. Recuerdo una vez que estando en la academia de baile, nos avisaron que haría una presentación de baile coreográfico para un domingo en un estadio, previo a inicio de un partido. Ese día el estadio estaba completamente lleno, ya que era un clásico local entre dos equipos de renombre. No obstante, salimos a presentarnos y dimos lo mejor, después de hacer las coreografías, todo salió muy bien, el miedo fue superado.

Otra de mis debilidades es el hecho, de que soy una persona que siempre ha tenido mucho miedo a las alturas, cosa en la que debo trabajar, porque algunas veces me he perdido de experiencias bonitas por no tratar de vencer ese miedo. Ahora bien, comúnmente las personas le tenemos miedo a aquello que no entendemos, en alguna creencias o vivencia que nos marcó. Además, le tenemos miedo a algo a veces solo por el hecho de que alguien dice que es malo, peligroso o que podemos perder algo y, por lo tanto, lo pensamos mucho para hacerlo. Por ejemplo, habrás escuchado que alguien te dijera: "No hagas eso porque te va a ir mal", "No emprendas algo porque la economía está muy difícil", "No estudies eso porque pagan muy poco", "No vayas a ese lugar porque otros lo han hecho y no les fue bien" y así un sinnúmero de casos de todo tipo y en esto podrías estar de acuerdo cuando no tenemos la información suficiente para decidir. Sin embargo, si siempre hacemos caso a todo lo que oímos terminamos no haciendo nada de lo que deseamos.

Sin embargo, si bien el miedo puede generar en nosotros un sentimiento de perder algo en la vida, sea algo material, el tiempo, seres queridos o que vivamos una mala experiencia por un evento que no deseamos, como un asalto, una pelea, un accidente, entre muchos otros, lo cierto es que también nos hace perder la oportunidad de realizar algo en la vida que podría ser positivo para nosotros. Y esto no lo sabremos hasta que no lo intentemos, entendiendo que todo tiene un riesgo, pero quien no arriesga no gana, bien dicen por ahí.

El miedo hay que verlo como parte de nosotros, porque lo experimentamos en todo momento, sino recuerda cuando vimos una película de terror, montarnos una montaña rusa o cuando hicimos alguna travesura esperando que no nos descubrieran. La adrenalina que sentimos es emocionante, aun con el miedo que ella trae. Es por eso por lo que el miedo es parte de nosotros y es cuestión de entender cómo funciona y de qué forma podemos utilizarlo a nuestro favor.

El miedo nos limita a descubrir lo que somos capaces de hacer y esto también se debe a nuestra zona de confort, la cual muchas veces nos mantiene abrigados, seguros y en un lugar muy bonito. Pero, en el fondo se sabe que nada crece ahí. Por eso, dicen que el éxito de las cosas está al otro lado de ese miedo que superamos y sí, puede ser que sea cierto, no obstante, es algo que solo descubriremos si nos animamos a intentarlo cuando la vida nos pone obstáculos o pruebas y eso es lo que nos cuesta enfrentar. Ahora bien, como mencioné antes, el miedo puede ser vencido en la medida que nos informemos bien sobre las cosas, las situaciones, o bien de los posibles eventos que no deseamos vivir. Sin embargo, debemos entender que, aun teniendo toda la información para decidir, siempre habrá un riesgo que correr y un miedo que sentir.

Hoy en día, la ciencia y los avances tecnológicos de las comunicaciones digitales nos han abierto un mundo infinito de posibilidades para entender las cosas que nos rodean y los eventos que nos suceden. Como dije antes: "Le tenemos miedo a lo que no entendemos". Por eso, aprender cada día más sobre nuestro mundo y las cosas que nos rodean nos ayudará a comprender y superar ese miedo. Por ejemplo, les cuento que desde niño he tenido mucho miedo a los sapos, ranas y serpientes, animales que son para mi gusto algo no muy bonitos en apariencia. Es más, algunos son horribles. Sin embargo, si hago el esfuerzo de discernir por qué están aquí, podría cambiar mi criterio sobre ellos.

Hace muchos años vi un noticiero sobre un pueblito que tenía cerca de su ubicación un pantano, obviamente con bastantes ranas y sapos. Pero, ambos estaban divididos por una carretera, la cual impedía que las ranas y sapos cruzaran hacia el pueblo y, cuando un animalito de estos lo cruzaba, moría estripado por los autos que pasan a gran velocidad. Esta situación provocó que, al no llegar los sapos y ranas al pueblo, se incrementara la presencia de insectos voladores en las casas durante las noches. Fue así como los mismos pobladores del lugar empezaron en las noches a ayudar a llevar a los sapos y las ranas a cruzar la calle para que llegaran sanos y salvos a los alrededores de las casas y con esto empezaran a cazar y comerse a los insectos. Poco tiempo después, los vecinos gestionaron la construcción de túneles debajo de la calle, con lo cual los animalitos ya podían cruzar por sí solos. Esta noticia nos hace ver que todo en la vida tiene un porqué, aunque sea algo pequeño, extraño y que no entendamos y es ahí donde debemos trabajar en nuestros miedos para avanzar en la vida y poder disfrutar aquellas cosas que aún no conocemos. Todo empieza con entender el porqué de algo.

Desde pequeños, muchas veces los adultos nos contaban historias de miedo, leyendas urbanas, la existencia de Pie Grande o nos decían que, si no hacíamos esto o lo otro, un monstruo malo nos llevaría o saldría debajo de la cama. Quizás en mi generación esto sí lo creímos de alguna manera o al menos nos ponía a pensar, ya que, a diferencia de hoy, con los medios de comunicación y el acceso a Internet y la tecnología, solíamos creer que esas cosas existen. En mi época (los 80) era muy común creer en los fantasmas, más si veíamos programas o documentales que exploraban estos temas y recuerdo, al menos en mi caso, ver varios de estos, me encantaban, pero me daban miedo.

Otra forma en la que aprendimos del miedo fue en la manera en la que nos amenazaban y lo recuerdo bien: esa madre que nos enseñaba la chancleta, el padre que nos enseñaba la faja o un chilillo (varilla de madera) cuando no hacíamos los deberes o hacíamos alguna travesura.

Con esto quiero decir que nuestro mundo está rodeado de cosas y experiencias que nos pueden asustar mucho. Pero, en la medida en la que entendamos cómo funcionan y qué propósito tienen, nuestra perspectiva puede cambiar.

Actualmente otros miedos o creencias que estamos viviendo, son las redes sociales. Estas son una serie de plataformas digitales interconectadas entre sí con el propósito de cargar material audiovisual, donde encontramos historias, noticias, memes, información personal y técnica, enlazando con otros portales digitales y que también nos permiten interactuar de maneras infinitas con otras personas. Las redes sociales hoy se han vuelto todo un tema en nuestras vidas. Nuestra sociedad cada vez está más sola y las personas están volviéndose dependientes de su uso, todo con el fin de llenar un vacío emocional. Sin darnos cuenta, buscamos la aceptación de los demás en las redes sociales cuando publicamos fotografías en lugares que he hemos visitado, momentos divertidos, nuestro estado de ánimo, que en muchos casos son falsos, restaurantes que visitamos, cumpleaños que estamos celebrando entre muchos otros momentos que queremos que los demás vean. Y con esto no quiero decir que estoy en contra de las publicaciones, sino el hecho de que dependamos de ellas y de las reacciones de otras personas para sentirnos mejor. El temor de publicar algo que no les guste a los demás es algo que nos puede afectar emocionalmente y esto les pasa mucho sobre todo a las personas más jóvenes. Incluso creemos que no les importamos lo suficiente a los demás cuando no comentan algo positivo de una publicación que subimos. El miedo a la soledad es algo que nos puede perjudicar mucho, no obstante, refugiarse en las redes sociales para compensarla hasta el punto de depender de ellas no nos ayudará a crecer y fluir en nuestra felicidad. Como todo en la vida las redes sociales pueden ser buenas o malas según el uso que le demos, es decir, es sacarle provecho a algo que nos aporte y nos ayude a crecer y no a depender, sobre todo de los comentarios y la aceptación ajena.

Pero, otro tema interesante es el miedo a vivir emociones no deseadas. Estas son aquellas que evitamos y que muchas veces debemos enfrentar de una manera u otra, por ejemplo, el miedo a la soledad, al público, al qué dirán, a que algo salga mal, a la muerte, a las cosas que no entendemos y así muchos otros. El miedo es todo un tema que podemos explorar, aprender más sobre él y de cómo superarlo, pero eso inicia primero con conocernos a nosotros mismos, identificar nuestras fortalezas, reconocer nuestras debilidades y cuáles oportunidades tenemos para superarlas. El miedo es el reto que más tenemos que enfrentar en nuestra vida, para llegar a ese lugar donde queremos estar.

Lo que quiero decir es que, si creemos más en nosotros mismos, en nuestras capacidades y habilidades, podremos aprender y conocer más sobre el mundo que nos rodea y los cambios constantes que se dan. El miedo siempre estará con nosotros y en todo momento para frenarnos, pero la luz siempre está al final del túnel, solo debemos avanzar hasta llegar a ella. Debemos aprender a enfrentar los pequeños miedos que tenemos, esto no significa que desaparecerán, pero entenderemos mejor su naturaleza.

## ES MEJOR NEGOCIAR Y GANAR ALGO QUE TENER LA RAZÓN Y SALIR CON LAS MANOS VACÍAS

La palabra negociación es cada vez más utilizada en nuestras actividades diarias. Esto lo vemos cuando, por ejemplo, se necesita negociar con otra persona algo que necesitamos o estamos buscando para cumplir alguna de nuestras metas, deseos y sueños.

No obstante, cuando el tema se trata de una discusión por algún tema diario, sea este en el hogar, en el trabajo, la vida social o las relaciones de pareja, identificamos una lucha interna con nosotros mismos, ya que buscamos tener la razón y demostrar que son los demás los que están equivocados. Esto se debe a que vemos el mundo tal y como somos internamente y con base en nuestras creencias y experiencias hacemos un juicio relativo de este y esta percepción es la que queremos que la otra persona vea, entienda y apoye, solo para que logremos tener la aceptación del mundo que vemos. Sin embargo, estas creencias y percepciones sobre cómo es nuestro mundo también nos ciega sobre la percepción que ven los demás. Provocando en algún momento un conflicto de intereses y puntos de vista diferentes al nuestro.

Por ejemplo, desde pequeños cuando queríamos algo podíamos hacer hasta un berrinche con nuestros padres para lograr que nos dieran lo que queríamos. Asimismo, con el paso del tiempo fuimos aprendiendo que utilizar palabras o manipular situaciones nos puede ayudar a conseguir aquello que queremos. Claro está que las demás personas también lo aprendieron y, de hecho, lo han utilizado contra nosotros para lograr algo de su interés. Pero, el tema de querer tener siempre la razón nos podría agrandar el ego, sin darnos cuenta de que tener siempre la razón no significa que ganamos algo positivo, posiblemente perdimos algo importante por tratar de imponer esa razón.

Lo que quiero decir es que buscar tener siempre la razón nos puede llevar a perder el respeto o la admiración de las demás personas. Así que un punto importante en este tema es saber cuándo estamos seguros de que lo que decimos o hacemos es lo correcto. Pero ¿Qué nos hace creer que tenemos la razón en todo? ¿Por qué buscamos tener esa razón? ¿Es acaso una forma de validar nuestro juicio de las cosas?

Todos compartimos con personas que ven el mundo de una manera diferente a nosotros y, en otros casos, muy similar. De hecho, una persona puede ver un gran problema o caos en una situación y otra podría considerarlo como algo pequeño y fácil de arreglar. Las situaciones pueden verse o imaginarse tan grandes o pequeñas como queramos, eso es lo peligroso del asunto si no se analiza bien.

Nuestra vida se basa en las relaciones que tengamos con los demás, así que buscar un consenso o un punto medio puede dar muchas veces paz o tranquilidad. Pero esto no es tan facil cuando nuestras emociones nos ganan y superan nuestra razón. Las discusiones, peleas y enojos con los demás pueden sacar la peor versión de nosotros y terminamos diciendo cosas de las cuales nos vamos a arrepentir después y mucho. Tener siempre la razón sin analizar todos los elementos que influyen en una conversación puede guiarnos a juicios equivocados o incluso a malas decisiones y con esto no quiero decir que siempre deba ser así, tener la razón en una conversación requiere de un sustento social, emotivo o aplicando leyes universales.

Cuando buscamos tener la razón en un conflicto puede que no siempre tengamos todo el panorama completo de la otra persona o la información suficiente para sustentar nuestra razón o juicio. De hecho, pecamos de asumir muy rápido las cosas y de enojarnos muy fácilmente y es en este punto en el que podemos caer hasta el extremo de generar un caos con la otra persona, de equivocarnos y, peor aún, hacer algún daño a otros. Muchas veces nuestras discusiones o situaciones con los demás nos llevan a buscar tener la razón, no obstante, la otra persona también quiere tenerla y es ahí el punto de la situación.

A través de la historia de la humanidad hemos crecido en un mundo competitivo, con la gran convicción de que debemos ganar siempre, porque eso nos dará éxitos o lograremos aquello que se desea. Pero cuando perdemos una discusión nos hace sentir que fallamos, que nos humillaron o que perdimos algo valioso. Creo que hay que tener la humildad suficiente para reconocer que no siempre podemos tener la razón y que la otra persona puede tenerla, aun cuando no nos guste. Pero, esto no se trata de ganar siempre, se trata de cómo ganar algo positivo y es en este punto en el que puede aplicarse la palabra negociar. Si lo vemos desde otro ángulo, la negociación busca una ganancia para las partes. A pesar de esto, es importante entender que durante una negociación uno ganará algo, sin embargo, también podría perder. Esto lo podemos aplicar en nuestras relaciones laborales, de pareja, de familia, cuando hacemos un trato o cuando hacemos negocios. El hecho de negociar y ganar algo positivo puede ser mejor que tener la razón y no ganar nada. Cuando discutimos con otra persona hasta el punto de querer ganar la discusión posiblemente la encontremos. Pero, también aparece el panorama de que la otra persona nos saque de su vida o nos evada en el futuro. Bien dice un refrán por ahí: "También hay que aprender a perder para ganar algo en la vida". Es en este punto cuando debemos tener la humildad para reconocer que no siempre se puede ganar todo.

La ciencia de negociar en cualquier conversación no siempre es fácil, porque la otra persona también quiere ganar y a veces más que uno y es aquí donde se debe tener la paciencia y la sabiduría para llegar a un buen acuerdo. Pero, por otra parte, la comunicación asertiva desempeña un papel relevante en cualquier negociación y esta es todo un arte. En el pasado la interacción entre las personas era directa, de frente y no por los medios que hoy existen, por ejemplo, los medios digitales, el Internet, las plataformas y las aplicaciones que han venido a sustituir esa forma antigua de comunicarnos. No obstante, cada persona tiene una manera diferente de interpretar las cosas, las palabras que ponemos, el tono en que las decimos y en otros casos la interpretación que le damos. Nuestras creencias y experiencias personales en el momento de interpretar los mensajes nos pueden hacer una buena o mala jugada, haciendo que respondamos de una forma u otra. Es necesario tomar en cuenta que nuestro cerebro logra armar un contexto o una interpretación de los hechos y los mensajes que nos quiere decir otra persona. Cuantas veces nos pasó que interpretamos mal las cosas o la otra persona interpretó mal lo que dijimos, según el estado emocional en que esté. Veamos un ejemplo: supongamos que usted no está de buen humor y ha tenido un día difícil. De pronto llega otra persona que puede ser un amigo, un familiar, un compañero de trabajo, buscando pedirle un favor o contarle algo y cuando esa persona termina diciendo algo que a usted le afecto o no le gustó, posiblemente terminará en una discusión poco amigable o en una pelea innecesaria.

El negociar no solo es un acto de intercambiar palabras para conseguir algo con la otra persona, aquí juega también las emociones y de cómo estas influyen en una negociación, para llegar a un acuerdo de ganar-ganar con lo que se conversa. Todo suma ante una negociación. Si vemos, por ejemplo, en los noticieros los secuestros, los asaltos, los conflictos políticos, religiosos y familiares, veremos que siempre se busca hacer una negociación, hasta el punto de llegar a un arreglo, algo que en algunas ocasiones no se logra y terminará mal para alguna de las partes. Pero, la convicción en un conflicto es negociar primero y esto a veces es difícil cuando no se encuentran los espacios y el estado de las emociones en alguna de las dos partes. Nunca hay que olvidar que cada uno de nosotros negociará con los conocimientos y recursos con los que cuente en ese momento y es cierto que se siente bonito cuando ganamos, siempre y cuando no sea a costa del dolor de otras personas.

A título personal, muchas veces he ganado discusiones y otras también las he perdido por tratar de tener siempre la razón, sin embargo, con el pasar de los años aprendí que si hay la posibilidad de negociar algo primero con la otra persona, en lugar de luchar para que me den la razón, puedo obtener un mejor resultado, en lugar de salir con las manos vacías. Y la experiencia aprendida también es algo en lo que se gana, las discusiones no siempre se tratan de ganar algo material. Además, debo decir que en mi vida he tenido momentos difíciles y conversaciones incomodas, pero que con en el tiempo fueron beneficiosas para mí, Inclusive me volvieron una mejor persona.

Esta es mi reflexión respecto a: "Es mejor negociar que buscar tener siempre la razón". Esto no es algo que te hará más débil o fuerte, pero te hará una mejor persona, más sabia, más tranquila y con paz mental. Es necesario recordar que somos personas sociales y nuestra naturaleza es convivir en sociedad, comunicarnos y construir un mundo mejor para todos. Así que, antes de buscar tener la razón, hay que pensar en lo que perderemos o ganaremos al tenerla, o bien en lo que ganaremos más al negociar. Recuerda que negociar es un arte para lograr un objetivo, así que pensemos primero en lo que podemos ofrecerle a la otra persona para que sienta que no perderá algo, sino que dentro de su razón ambas partes pueden salir ganando.

## LA MEJOR DECISIÓN NO SIEMPRE ES LA MÁS FÁCIL

La mejor decisión no siempre es la más fácil, vaya frase que debemos entender. La vida es una serie de decisiones que debemos tomar a diario y eso inicia desde que nos levantamos. Esto se debe a que nuestro cerebro debe procesar cada escenario en cuestión de segundos para tomar decisiones. No obstante, si bien muchas de nuestras labores son automáticas, ya por hábitos diarios, la forma en la que las realizamos y reaccionamos pueden hacer diferencia. Cuando enfrentamos una situación, por mínima que sea, nuestro cerebro, combinado con nuestras emociones, creencias y sentimientos, genera una serie de posibles alternativas de resolución, lo cual puede dar cierto resultado, que obviamente estamos buscando y que responde a una necesidad o expectativa interna. Toda decisión se toma en el momento con los datos que tenemos en mente, con el estado emocional que sentimos y con las condiciones externas que experimentamos. Sin embargo

¿cómo saber cuándo estamos tomando la decisión correcta? Eso a veces es muy difícil si no predecimos el resultado y esto se logra solo si se cuenta con los datos idóneos. No obstante, tampoco es 100 % cierto, porque como dije antes, hay elementos que tienen la posibilidad de influir en el resultado de una decisión: la información que tengo, la emoción que siento y las condiciones en las que la tomé.

Un caso que se dio en el año 2022 fue el famoso golpe que le propinó Will Smith al actor Chris Rock, porque el comediante hizo una broma comparando el cabello corto de Jada Pinkett Smith con el personaje de cabellera rapada de Demi Moore en la película de 1997. Esto no cayó bien a la pareja en el instante. Will se levantó y fue a propinarle un golpe. Claro, esto en el ámbito televisivo no fue bien visto. No sé qué hubiera hecho cualquier otra persona. Pero, quizás algo que no vimos fue que durante la gala de premiación, el ambiente estaba rodeado de bromas y risas, además de sumar que Chris ya conocía a la pareja desde hace tiempo atrás, lo que posiblemente lo llevó a hacer esa broma, que por cierto no fue bien pensada por el comediante, así como el golpe que le dio Will Smith a Chris.

Lo cierto es que si Will hubiera pensado mejor la decisión de ir a golpear a Chris Rock no se hubiera sentido afectado posterior a esa noche y por todo lo que le trajo de forma posterior, como fue, no ingresar a la academia en futuras galas, retiro de películas proyectadas para él, entre otras. Pero, si se analiza bien ¿quién no ha vivido algo similar en cuanto a perder el sentido y dejarse llevar emocionalmente por defender lo que se quiere?

Todos hemos vivido estas circunstancias en menor o mayor grado, con familias, amigos, en el trabajo, en eventos en la escuela, en fiestas y así en muchos lugares. En algún momento hemos perdido la cabeza y tomamos la decisión de hacer algo de manera impulsiva, sin medir las consecuencias de nuestros actos y palabras. Pero, volviendo al tema, todo es una resolución personal en el momento y las circunstancias. No obstante, de igual forma debemos afrontar nuestras decisiones con nuestras creencias personales, espirituales, patrones de crianza, leyes y otras reglas universales que hemos aprendido con el paso del tiempo. En el momento de tomar una decisión o la pensamos mucho y no hacemos nada o nos apresuramos a tomarla y salimos afectados negativamente con el resultado.

Sin embargo ¿qué nos ha enseñado la vida en el tema de las decisiones?

Bueno, quizás la mejor enseñanza han sido los resultados que obtenemos con cada decisión. ¿Por qué digo esto? Bueno, veamos, por ejemplo, en muchas ocasiones, nos decimos a nosotros mismos ¿por qué no pensé mejor las cosas? antes de decir o hacer esto o lo otro. Pero, está bien, no tenemos esa famosa bolita de cristal para saber el futuro o el resultado de una resolución, solo se sabe que al tomarla esperamos que todo salga bien y tal vez cada uno de nosotros recuerda que en algún momento tomó una resolución errónea y sin darse cuenta fue lo mejor que pudo haber pasado. Así que también es válido que algunas decisiones a veces no las consideremos buenas en el instante. A pesar de esto, con el tiempo, nos dieron un buen panorama de los resultados. Ahora por otro lado, nos podemos encontrar con decisiones difíciles en nuestra vida personal, lo que nos puede llevar a pensar sobre cuál será la mejor decisión para uno. Esto lo podemos identificar cuando, por ejemplo, se debe escoger entre dos oportunidades laborales, elegir entre dos amigos, seguir o no una relación personal, familiar, laboral, entre otras. La cuestión es ¿fue la mejor decisión? Muchas veces tenemos internamente la respuesta y la sabemos, sin embargo, las emociones nos afectan al tomarla. Por ejemplo, se presenta el miedo y la incertidumbre de qué es lo que podría pasar si hago esto o no lo hago y, como dije en un capítulo anterior, el que no arriesga no gana y si no se gana se aprende de esto. Veamos otro ejemplo: tienes un buen trabajo y lo dominas muy bien. Pero, con el paso del tiempo ya no es tan motivante y crees que debes cambiarlo. A pesar de esto, en el fondo hay un conflicto interno en si debo cambiar de trabajo o mejor no arriesgar y quedarme donde estoy, para no sufrir en caso de fracasar. Esa indecisión nos pasa con otras situaciones en la vida.

Pero ¿qué podemos hacer entonces para tomar la mejor decisión? Bueno, creo que ante todo es necesario entender que una decisión, sea cual sea, afectará a alguien de forma positiva o negativa, incluyéndote, y esto traerá consecuencias emocionales. Cuanto más cerca esté esta persona de nosotros, posiblemente mayor será el impacto. Asimismo, no debemos pensar siempre en algo malo cuando tomamos decisiones. Eso ya es parte de la vida y solo debemos tener fe u optimismo de que tomamos la mejor decisión en el momento.

Como dije al inicio, las decisiones se toman siempre pensando positivamente en lo que queremos en la vida y en cada circunstancia. No obstante, la vida diariamente nos permite enfrentarnos a situaciones de toda índole en las cuales debemos tomar decisiones fáciles o muchas veces difíciles.

Pero ¿por qué a veces nos cuesta tanto tomar una decisión? Y aquí es donde creo que esta pregunta está asociada a varios puntos:

La primera se debe a las creencias que nos inculcaron en el pasado, ya sea por nuestros abuelos, padres, familiares, entre otros. Veamos un ejemplo: desde pequeño siempre nos decían, al menos en mi caso, debes ir a la escuela, al colegio, a la universidad ir a la iglesia, respeta a tus mayores, busca un trabajo, compra un carro, compra una casa, gana más dinero, busca una pareja y cásate, debes tener hijos y así sucesivamente una gran cantidad de cosas. Todo esto con el fin de que fueras alguien en la vida, gracias a Dios, puedo decir que todas estas son metas que pude lograr. Pero, a costa de muchas decisiones que fueron buenas y malas. Con el tiempo cada decisión me dio muchas alegrías y otras no terminaron muy bien, no obstante, aprendí mucho de ellas. Cada persona debe tomar sus propias decisiones, en aquello que quiere y cuál es su propósito en su vida, sin embargo, también debemos entender que muchas de estas han sido orientadas a cumplir los estereotipos sociales, esto con el fin de poder encajar en una sociedad que valora más el éxito en lo material y en el estatus social, que lograr que seas feliz con aquello que te gusta hacer.

Una segunda situación en el momento de tomar decisiones es el qué dirán y esto varía según dónde fuimos criados o en el ambiente donde nos desarrollamos. Las creencias del qué dirán influyen en el instante de tomar una decisión sobre lo que realmente queremos. Muchas veces escucho decir a personas frases como: "No estudies esa carrera porque te morirás de hambre", "No tomes ese trabajo porque no escalarás en la vida", "No hagas ese deporte porque no eres bueno", "Si haces eso posiblemente te va a ir mal" y así sucesivamente, muchas frases que tratan de desalentarnos. Esto puede ser entendible cuando lo escuchamos de personas a las que les ha ido mal en alguna situación de sus vidas y quieren prevenirnos que nos suceda y en parte pueden tener algún grado de razón. Pero, por otro lado, cada uno es dueño de su destino y de sus decisiones y tienen la posibilidad de que las circunstancias no sean iguales para todas las personas. Es por eso por lo que muchas veces experimentamos las cosas por nuestra cuenta y los resultados pueden ser diferentes. Creo que sí valoramos y analizamos las decisiones con la suficiente información y explorando todas las opciones posibles se pueden obtener mejores resultados. A pesar de esto, las cosas no siempre salen como uno quiere.

Como tercer punto, hablaré del miedo, esa palabra que nos frena mucho en el momento de tomar decisiones en la vida. Como ya mencioné, el miedo es parte de nuestra vida, nos ayuda a estar alerta y a prevenir peligros o momentos difíciles. Sin embargo, también afecta, ya que la mente tiende a darle muchas vueltas a las cosas, pensamos demasiado y terminamos viendo más aspectos negativos que positivos.

En otro instante mencioné la importancia de tomar decisiones con calma y con toda la información posible. Pero, no debemos demorarlas debido a los miedos que no logramos enfrentar. A veces, es necesario arriesgarse y tomar esa decisión para alcanzar ese sueño que anhelamos.

Toda decisión será la causa o consecuencia de nuestros propios actos. Pero, la vida trata de eso: decisiones. No podemos eludirlas, más cuando se trata de confrontar a otras personas, sea esto por alguna situación familiar, de trabajo, social o de otra índole. De hecho, seremos juzgados por cada decisión que tomemos, no obstante, eso no debe desalentarnos en tomarlas, cuando en nuestro interior creemos que es lo correcto, sobre todo si es para nuestro bienestar.

Toda mi vida he sido señalado por muchas decisiones que he tomado, algunas buenas u otras bastante malas. Pero, he aprendido de ellas y uno debe reconocer que el equivocarse es parte del aprendizaje y con esto es que menciono la cuarta situación, es cuando siento culpa de las decisiones que tomé en el pasado. Mucho se ha dicho sobre este tema, puedo mencionar a dos personas, la doctora Marian Rojas y el doctor César Lozano, quienes han afirmado en sus conferencias que la culpa que sentimos por nuestras decisiones en el pasado puede destruirnos mentalmente. No obstante, en muchas ocasiones no fueron con mala intención, si las elegimos fue por la información que teníamos en ese momento, o bien ciertas circunstancias ambientales que influyeron para que las tomáramos. A veces, no hay alternativas y debemos tomar decisiones difíciles y hasta dolorosas, quizás alguna vez has oído hablar a alguna madre que tuvo que dar en adopción a su hijo por no tener con qué mantenerlo o darle un futuro, bueno, esas son circunstancias que han pasado y que por algún motivo no tuvieron opción o al menos no la encontraron en el momento.

Como quinta situación que no nos permite tomar las decisiones correctas, a pesar de que sabemos que lo son, es no creer en nosotros mismos porque sentimos que no tenemos la capacidad o la fe de que lo podemos lograr. Por ejemplo, cuando reflexionamos mucho para tomar ese trabajo, ese proyecto, ese viaje, conocer a esa persona y así sucesivamente, solo porque no pensamos que lo merecemos. A veces la decisión más fácil es no hacer nada y seguir nuestra vida sin rumbo o propósito, por el simple hecho de creer que es muy difícil para nosotros. Ese temor es el que hay que superar y, para esto, se debe tener más fe y optimismo en nuestras decisiones, más que en los miedos que pueda traer su resultado y, reitero, nuestras decisiones son las que nos moldean como personas sociales, como seres humanos resilientes y que pase lo que pase: "Todo pasa por algo" (tema que abordaré al final del libro).

Las mejores decisiones no son las más fáciles. Pero, son ellas las que nos pueden llevar a la vida que buscamos. Solo el tiempo se encarga de confirmárnoslo o no.

# APRENDER DE LOS GOLPES Y LAS LECCIONES

La vida es toda una aventura llena de experiencias y de acontecimientos que nos hacen vivir, sentir y encontrarle un sentido. El aprender o desaprender es principalmente la forma en la cual logramos entender cómo funciona nuestro mundo. Pero, el aprendizaje no vino con nosotros, lo hemos ido adquiriendo conforme vivimos las experiencias y observamos el entorno. Dice un cliché que la vida te enseña a golpes y que si no aprendes te lo vuelve a enseñar. La vida se trata de eso, de ir aprendiendo de los golpes, pero ¿será tan cierto esto? Vamos a analizar un poco.

Desde que nacemos empezamos a decir nuestras primeras palabras, damos nuestros primeros pasos y así vamos poco a poco descubriendo el mundo. Nuestros padres fueron los primeros que nos enseñaron a conocer el mundo que nos rodea, no obstante, después vino la etapa de la adolescencia en donde empezamos a tomar nuestras propias decisiones. Estas resultaron en vivencias positivas o negativas, por ejemplo, un día vivimos algo que nos hizo llorar, otra situación que nos alegró el día, otra que nos dio tristeza, nostalgia, enojo, resentimiento entre muchas otras emociones. Sin embargo, todo esto pasa tarde o temprano, porque las emociones son parte de vivir. Las cosas no duran para siempre, ya que son momentáneas en la medida que nosotros decidimos cuánto van a durar en nosotros. Es cierto que a nadie le gusta perder o tener una mala experiencia. No obstante, veamos qué se entiende por una mala experiencia.

Una mala experiencia puede ser todo aquel evento o situación que interpretamos y que nos genera un malestar, un desagrado emocional, o bien algo que nos generó enojo o frustración. Sino, por ejemplo, cuántas veces nos plantaron en una cita, nos gritaron por culpa de otra persona, olvidamos hacer algo que hizo enojar mucho a otra persona o bien cometimos un error. Cada uno de nosotros puede hacer memoria de esas situaciones y lo que no vemos en el momento es que de ahí podemos aprender una buena lección de vida.

Analicemos una situación muy común al menos en la mayoría de las personas. Me refiero a las relaciones de pareja. Cada persona al menos una vez en su vida se ha sentido atraída por alguien, después buscamos acercarnos e intentamos establecer una relación.

No obstante, con el paso del tiempo la relación empieza a evolucionar y vivir distintas fases, no solo como pareja, sino también como personas, porque las circunstancias cambian con el tiempo y las personas también van cambiando con el tiempo, de hecho se hable de aproximadamente cada 5 a 7 años que sufrimos cambios tanto físicos como emocionales. Es en este punto en el que la relación se ve afectada al grado en el que cada uno comienza a querer retomar sus proyectos de vida, cambiar de horizonte y, en el peor de los casos, uno de los dos ya no quiere seguir en la relación porque los objetivos personales han cambiado.

En algunos medios vemos, por ejemplo, noticias de separaciones o divorcios. Pero, también relaciones de pareja con una larga duración. No soy quién para decir qué es correcto y qué no. A pesar de esto, sea cual sea la decisión que se tome, por dura que sea, se debe aprender, sacar lo bueno y seguir nuestro camino, juntos o solos, entendiendo que cada golpe que experimentamos es un aprendizaje que nos puede ayudar en el futuro. Ahora bien, en el caso anterior lo pongo como un ejemplo. A pesar de esto, no se limita solo a un tema de relaciones. Los golpes que la vida nos da, en el buen sentido de la palabra, muchas veces nos hace reflexionar sobre el camino que debemos seguir para evolucionar. Pero esta situación nos lleva a aprender y desaprender muchas cosas, que nos cuesta soltar por el qué dirán o porque son fuertes creencias. Bien dice un refrán muy famoso, que algo malo te debe pasar para que algo bueno te llegue y, aunque a veces no nos guste esta frase, lo cierto es que se cumple constantemente en la vida diaria. Basta con ver los grandes acontecimientos de la humanidad, por ejemplo, la muerte de Jesús en la cruz, que nos llevó a creer en la resurrección, los cambios geopolíticos que han hecho a muchos países prósperos, Japón después de la Segunda Guerra Mundial, otros como la muerte de 123 jóvenes trabajadoras y 23 trabajadores en el trágico incendio en la fábrica Triangle Shirtwaist de Nueva York de 1911, todo esto por la defensa de los derechos de la mujer y así sucesivamente podemos conocer miles de historias en el mundo, en celebridades y hasta en personas de nuestro vecindario que han sufrido los golpes de la vida. Pero, que han salido fortalecidos de esa situación haciéndolos mejores seres humanos. No niego que los golpes de la vida duelen y en ciertos casos bastante. Pero, todo pasa con el tiempo y las heridas sanan, solo es cuestión de tiempo. Pero, también depende de nosotros dar ese paso, buscar sanar y seguir adelante, si se toma la resolución de cambiar. No debemos gastar tiempo en seguir pensando o sufriendo por algo, qué ya pasó y no cambiará. Sin embargo, podemos trabajar el presente para mejorar el futuro y, si es necesario, hay que buscar ayuda para salir adelante. Las lecciones también podemos aprenderlas de otras maneras, por ejemplo, cuando observamos las noticias, cuando alguien nos cuenta sus vivencias o simplemente las vemos y, como dije al inicio, no venimos con un manual. Pero, tenemos la inteligencia suficiente para aprender de ellas, solo está en nosotros querer aprender de lo que vemos y sentimos, porque sé que también muchas veces caemos una y otra vez en los mismos errores, haciendo que estos se vuelvan parte de nosotros. En esto hay que tener cuidado, porque también se puede convertir en una manera de llamar la atención hacia los demás haciéndonos víctimas de nuestras propias decisiones.

Los golpes y las lecciones que podemos aprender cada día y con cada experiencia vivida se vuelven el diario de vida y nuestros recuerdos. Si bien muchas de ellas las buscamos, otras nos llegan de manera sorpresiva, las queramos o no. Lo cierto es que luego son anécdotas que compartiremos con otras personas, donde hasta posiblemente nos estaremos riendo, o bien reflexionando. Cada vivencia nos deja algo, aunque no entendamos por qué nos sucedió. No hay que aferrarse a ese pasado, hay que buscar la forma de superarlo, aun cuando nos lleve tiempo y paciencia para entenderlo.

Si alguna vez tuviste una bicicleta cuando eras niño(a), recordarás los muchos golpes que sentiste para aprender a usarla. Para terminar con este capítulo, quiero decir que los golpes que nos llevamos en la vida no son tan malos como podemos verlos o sentirlos si aprendemos a sacarles algo positivo a cada situación. Si bien somos tercos para reconocerlo en el momento, lo cierto es que el tiempo te lo dirá la razón del por qué debía suceder.

## NUNCA DIGAS "DE ESA AGUA NO BEBERÉ"

Este capítulo tiene una gran enseñanza para mí. Cuando digo que: "De esa agua no beberé", me refiero a las cosas o circunstancias que no deseamos que nos pasen. No obstante, la vida o el destino te dice que no será así. Tarde o temprano beberás de esa agua que dijiste que no beberías. ¿Qué ironía, ¿verdad?

¿Pero, por dónde empiezo? No sé si alguna vez te pasó que de primera impresión conociste a alguien en algún lugar o evento y de entrada esa persona te cayó mal o la sentiste desagradable, ya sea por su apariencia, expresión, por su forma de hablar, o bien por algo que dijo y no te gustó. Lo cierto es que en nuestro interior nos dijimos: "Con esta persona no quiero nada, ¡es más, la voy a evitar!". Y esto nos pasó en muchos lugares como en la escuela, la secundaria, la universidad, el vecindario, en el trabajo, en alguna fiesta o en cualquier sitio donde conocimos a alguien. Curiosamente, con el tiempo, y en la mayoría de las veces terminamos interactuando con esa persona y, por distintas circunstancias, acabamos llevándonos muy bien. Es más, en algún caso algunas personas terminan siendo buenos amigos o en una relación de pareja e incluso en un matrimonio y, si no me crees, puedes ver muchas películas que tratan este tema o en casos de la vida real.

Así que ese refrán de: "De esa agua no beberé", tarde o temprano se cumple. De hecho, en mi vida personal lo he experimentado varias veces, no solo con personas, sino también con acontecimientos o cosas que yo dije que jamás haría y terminé haciéndolas. Les cuento, por ejemplo, en el año 2006 tenía un carrito pequeño, económico y de bajo costo. En mi alarde siempre decía que los carros grandes eran costosos e innecesarios, al menos en mi caso. Sin embargo, con el tiempo tuve problemas con mi carrito, al grado de tener que venderlo y, curiosamente, se me presentó la oportunidad paralela de comprar un carro que un amigo estaba vendiendo y que me lo dejaba a muy buen precio. Fui a verlo y quedé impactado de lo grande y fuerte que era. No lo pensé mucho y lo compré sobre la marcha y fue cuando pasé de un carro pequeño a uno más grande, de 8 personas, y es en este punto en el que caí con algo que dije que nunca haría.

Con el paso del tiempo seguí diciendo que para qué un carro nuevo y de agencia, que eso no era para mí, sin embargo, adivinen, el destino volvió a cerrarme la boca. Mi carro de segunda mano ya me daba muchos inconvenientes de repuestos y otra vez tuve que venderlo y fue así como de nuevo la vida me puso en el camino y, con ayuda de alguien, terminé comprando un carro nuevo de agencia. La verdad es que cuanto más hablo de algo que no quiero o no voy a hacer más término haciéndolo. Esto es algo que he leído muchas veces, como la ley de la atracción, en la cual atraes lo que quieres, pero también atraes lo que no quieres. En fin, la vida es una serie de sucesos, experiencias y vivencias y están asociadas directa e indirectamente a los acontecimientos externos que también suman a las decisiones que tomamos.

Volviendo al tema, una y otra vez hemos vivido situaciones en las que una persona no nos simpatiza. Pero, conforme la vamos conociendo empezamos a identificar rasgos de su personalidad que se asemejan a nosotros y de pronto empezamos a cambiar la expectativa de esa persona y nos damos cuenta de que no era como la imaginábamos. ¿Será acaso que al ver a una persona en primera instancia nos recuerda a alguien del pasado que no queríamos o que nos hizo algo malo? Si bien este tema se relaciona con aspectos psicológicos de nosotros, lo cierto es que las cosas y las personas no siempre son lo que parecen ser y es en este punto en el que cometemos el error de juzgar rápida y fácilmente a una persona. No le damos ese tiempo que creo que todos merecemos, para que nos conozcan a fondo y vean en nosotros las cosas verdaderas.

Una vez escuche del doctor Cesar Lozano que detrás de una persona difícil, hay una historia que no conocemos. Si bien esto es algo común que pasa en nuestra sociedad, lo curioso es que cuando lo hacemos por las buenas o por las malas terminamos viendo a la otra persona muy similar a nosotros en gustos y preferencias. O sea, acabamos teniendo química.

Mucho de lo que nos pasa en la vida ha sido por el hecho de realizar juicios demasiado rápidos en cada acontecimiento, pensando que eso no es para mí o yo no pienso hacer eso. Sin embargo, cuando no deseamos algo, es cuando más rápido nos llega y nos cambia la vida.

Créeme, si haces un análisis de tu vida, te darás cuenta de lo que digo, porque sé que has vivido experiencias en las cuales no has querido algo o lo juzgas mal y con el tiempo terminas identificándote con el evento o la persona. A veces, la inmadurez o falta de conocimiento no nos permite ver las cosas o las personas como son. Este refrán: "De esta agua no beberé" nos permite reflexionar sobre los elementos de la vida que debemos aprender. Esto no significa que también hay que hacerlo o creerlo todo. Solo necesitamos tener calma, pensar las cosas y decidir si lo hacemos o no y esto es algo que nos cuesta, sobre todo cuando dejamos que nuestras emociones nos dominen. Además, esto involucra aprender de cada circunstancia para sacarle provecho de alguna manera y se que te ha pasado. Aquí te puedo decir algo paradójico: hasta de los peores enemigos podemos encontrar la ayuda que necesitamos, por eso no hay que descuidarlos. Porque de ellos podemos aprender mucho de lo que hacen y de saben.

Otra situación que me ha pasado en los años de mi vida es cuando conocemos a alguien, trabajamos con esa persona, compartimos tiempo y proyectos con esa persona y en fondo no queríamos trabajar con ella. Pero ¿adivinen qué? esa persona fue quien terminó ayudándome con una situación difícil y hasta nos volvimos mejores amigos con el paso del tiempo. A mis 50 años cuando escribí este libro la vida me dio muchas lecciones que me han forjado como persona, con mayores enseñanzas y con bellas vivencias. A pesar de esto, no puedo obviar que una de ellas ha sido el hecho de que la vida te dará aquello que anhelas, pero también te dará aquello que no querías, pero en el fondo lo necesitabas.

Sin embargo, es en este punto cuando aparece la ley de la atracción inversa, o sea, terminas bebiendo del agua que nunca dijiste que beberías. Como reflexión a este capítulo, lo que te puedo decir en mis años de experiencia es que a veces calladito es más bonito y solo queda esperar a que la vida te sorprenda. Recuerda tener paciencia con las personas que conoces, porque a lo mejor terminarás siendo su mejor amigo(a). La ley de la atracción muchas veces es sabia y nos termina dando una lección de vida sobre aquellas cosas que nunca deseamos tener o sufrir, pero que pueden aportar a nuestro crecimiento. Es necesario cuidar mucho nuestras palabras cuando hablamos, aunque sea con nosotros mismos, porque el universo empieza a mover las cosas o las circunstancias a tu favor o en tu contra, haciendo que se manifieste todo aquello que piensas o que dices. Tal vez sea Dios que te está dando una hermosa lección de vida.

# LAS PÉRDIDAS SON PARTE DE LA VIDA

Bueno, en este capítulo quiero hablarles sobre las pérdidas, una palabra que a nadie le gusta escuchar y esto es algo que aprendí con el paso del tiempo. Aquí se puede empezar mencionando muchos tipos de pérdidas, por ejemplo, un objeto personal, una pelea, una discusión, un negocio, la amistad de alguien especial, la vida de un ser querido, una oportunidad única en el momento y así entre muchas otras cosas que tienen un valor sentimental para nosotros. Sin embargo ¿qué podemos sacar de esto? Las pérdidas, si bien a nadie le gustan, muchas veces pueden ser necesarias para avanzar hacia otra etapa o quizás para salir de una zona de confort y con esto me refiero a que el aferrarnos a cosas o personas nos limita a crecer y evolucionar. Solo basta que recuerdes cuántas cosas perdiste en la vida, sé que dolió mucho y sin importar en el instante en que te encuentres ahora tarde o temprano volverás a perder algo importante para ti, no obstante, la vida es sabia y empezarás con algo nuevo y que tal vez será mejor.

Si recuerdas los capítulos anteriores, he venido mencionando cómo la vida me cambió, por el simple hecho de perder cosas o trabajos y de qué forma estos me fueron forjando un nuevo camino que nunca esperé. Tengo que reconocer que la vida te sorprende cuando pierdes algo que querías mucho, pero otro lado cómo ayuda esto a aprender a desapegarte. Con las pérdidas que he vivido, reconozco que he conocido a nuevas personas, nuevas relaciones, nuevas cosas y experiencias que nunca imagine tener.

Es en este punto en el que digo: "Gracias, Dios, por haber perdido aquellas cosas que me tenían aferrado a la zona de confort". Sí, por ejemplo, les cuento que he perdido mucho dinero en el pasado por malas decisiones, eso me llevó a aprender de finanzas personales, que hoy me han dado muy buenos resultados para mejorar mi calidad de vida. De eso se trata de aprender de los errores, de las equivocaciones y de las perdidas.

Curiosamente, esto podemos verlo también en relaciones sentimentales, amistades, trabajos, compras, viajes, entre muchas otras cosas. Algo que he venido mencionando en todos los capítulos es que para ganar hay que aprender a perder. Eso es algo que nos cuesta entender, en serio nos cuesta comprender. Esto pasa porque no somos pacientes y no le damos a la vida otra oportunidad para discernir el porqué de una pérdida. Claro está que no se trata también de ir a la deriva, sino de tomar decisiones, entendiendo que cada decisión puede hacernos ganar y perder algo.

El crecimiento personal y espiritual se basa en avanzar en la vida, en evolucionar y en tener una vida plena. Sin embargo, esto no necesariamente implica que no perdamos algo en el camino y sé que también algo que no he mencionado es cuando perdemos a un ser querido. Eso no es fácil de superar, a veces nos toma un tiempo de duelo. Cuando murió mi papá, no fue fácil para mí entender que así es la vida y que él debía irse en el momento en el que Dios así lo quiso. No soy quién para decidir que se quedará o se irá cuando la voluntad de Dios es otra. Como dije, la pérdida es parte de la vida y como dice un cliché por ahí: "Hay que perderse para encontrarse a uno mismo", hasta en eso la vida es sabia.

En muchas circunstancias de nuestra vida podemos perder también la esencia de lo que somos solo por demostrar a otros lo que ellos quieren que seamos, ¡y ojo! este tipo de pérdida no es sana, porque si bien he venido hablando de que las pérdidas son en algunos casos buenas, no debemos interpretar que debemos perder nuestra personalidad por lo que los demás desean que seamos. Podemos aceptar perder cosas externas. Pero, no lo que somos o queremos ser, eso es diferente. Las pérdidas, como todo en la vida tienen un propósito y sé que muchas veces duelen y mucho, porque también se paga un precio que también puede ser alto. A pesar de esto, no debemos quedarnos con la pérdida en la mente, más bien hay que pensar qué podemos aprender de ella y entender que la pérdida es parte de la vida. Debemos seguir adelante, tratando de no volver a ver hacia atrás, más bien buscar nuevas cosas, nuevas posibilidades, nuevas experiencias y personas que sumen a nuestra vida.

Se gana cuando aprendemos a perder y a soltar lo que ya no funciona para nosotros y con esto no quiero decir que hay que utilizar ese término de desechar. Es necesario entender que todo tiene un propósito en la vida y que no significa que es para siempre, todo tiene su principio y su fin y no hay que verlo todo el tiempo con el dolor de haberlo perdido, si no como algo maravilloso que nos pasó en un lugar y tiempo dado en nuestra historia. Con esto me refiero a cualquier cosa, puede ser una casa, un carro, una experiencia, una amistad, un lindo trabajo, una relación, entre muchas otras. De cada cosa se aprende, mira la película El Rey León de Disney, en ella se puede aprender de las pérdidas y de las lecciones de la vida cuando perdemos algo que nos dolió mucho.

Reflexiono diciendo que el apego emocional nos mantiene con el dolor de las pérdidas, porque no aprendimos a perder como una forma de ganar algo. El tiempo es el único que tiene la respuesta sobre las pérdidas y, aunque cueste mucho, hay que confiar en que las decisiones que tomemos forjarán mejor nuestro destino. Solo recuerda que el malestar de una pérdida durará lo que tú decidas que dure. Por lo tanto, trabaja el desapego y busca la resiliencia en los momentos en que sientas que la vida te da la espalda. Pruébate a ti mismo que las pérdidas son parte de la vida, pero que en el fondo son parte de la evolución, porque la vida sabrá cómo recompensarte con lo que has perdido y si ves el lado optimista de las cosas. Recuerda siempre: gana quien sabe y aprende a perder.

## LA VIDA ES UNA AVENTURA QUE VALE LA PENA VIVIRLA

Voy a contarles una anécdota que viví en los años 90, una década de cambio y transformación en el ámbito mundial. Era el año 1992. En esa época me encontraba en una etapa de mi vida en la que me encantaba la moda del metal pesado, una corriente de música más fuerte y pesada que el rock que por lo general no se escuchaba en las radios. Este tipo de música era muy rara en nuestro país para su época y algo difícil de conseguir.

De hecho, por extraño que parezca, costaba conseguir y comprar música de este tipo. Recuerdo que teníamos que buscar personas que tuvieran esta clase de música, hacer amistad con ellas para que la compartieran y en la mayoría de los casos había que comprarla como si fuera droga. El metal pesado, para hablarlo en un lenguaje sencillo, estaba conformado por muchos tipos de ritmos y unos más pesados que otros, bastante fuerte en sonido y letras. Yo lo disfrutaba mucho. De hecho, mis amigos y yo hacíamos muchos esfuerzos económicos para ahorrar y con esto ir a comprar una camiseta negra con el logo del grupo que nos gustaba, así como asistir a conciertos que realizaban en algunas partes del país. Esto era algo que hacíamos a veces a escondidas de nuestros padres, ya que Costa Rica aún era un país muy conservador. Pero, como dije al inicio, la gente le teme a lo que no conoce y es en este punto en el que quiero contarles más sobre mi anécdota.

En el mes de mayo de 1992 se realizó en Costa Rica un festival, mejor dicho, un concierto conocido como Cráneo Metal. En este invitaron a varias bandas del metal nacional de esa época (Mantra, Masacre, Sentece, Asepsia, Argos, entre otras). En mi caso, ya había asistido a algunos conciertos de este tipo, pero más pequeños, en localidades de Alajuela y San José, por lo que este concierto era para mí algo nuevo y de mayor magnitud. Además, recuerdo que trabajé toda una semana en la finca de mi padre para ajustar el dinero de mi entrada, la cual era de ₡300.

Llegado el día 31 de mayo de 1992, en una bodega de la Fosforera Continental, fuimos mis amigos y yo al famoso

Cráneo Metal para ver las presentaciones de las bandas. Ese día, como teníamos que ir en bus y para no llamar mucho la atención, solo me puse mi camiseta negra y dejé en casa mis brazaletes de cuero negro con clavos y cadenas. Una vez llegado al lugar, mis amigos y yo ingresamos a la bodega para ver y escuchar a las bandas de metal. El sitio estaba casi lleno, podía calcular entre 400 a 500 personas y todo era un buen show para esa época. Muy emocionado, fui a bailar el famoso baile de las patadas y empujones. Transcurrida aproximadamente una hora, un oficial de seguridad vio lo que estábamos haciendo dentro de la bodega y, del susto, procedió a llamar al dueño o administrador. Asimismo, se presentaron dos o tres oficiales de seguridad con ametralladoras de mano y detuvieron el concierto, cosa que no pasó, porque más bien dichos policías se metieron a molestar a los metaleros, lo que generó que los echaran del lugar con todo y sus pistolas. El concierto continuó un tiempo más y después de unos 30 minutos el cantante de una de las bandas habló por el micrófono indicando que estábamos rodeados por la Fuerza Pública (los antimotines) y que debíamos salir del lugar, ya que si encontraban algo extraño cualquiera de nosotros podría ser acusado. Pero, ya era demasiado tarde, la policía nos tenía rodeados y para agravar más el problema la bodega estaba cercada con una malla muy alta. Por lo tanto, la única salida era el portón principal, el cual también estaba en manos de la policía.

Fue así como un grupo de metaleros se fue contra la malla para intentar botarla por la fuerza y con esto salir de ahí, pero fue inútil. Estábamos encerrados, sin poder salir de ninguna manera. En mi caso, me mantuve tranquilo, ya que no estábamos haciendo nada malo. Es aquí cuando me dirigí caminando lentamente hacia el portón principal para poder ver lo qué pasaba y algo de lo que no me percaté es que en ese momento había varias cámaras de periodistas filmando todo. Cuando logré llegar al portón principal, me di cuenta de que no había alguna forma de salir hasta que los policías decidieran dejarnos ir y una de mis preocupaciones era que yo aún era menor de edad, por lo que me podían detener. Por suerte éramos muchos para ser arrestados todos al mismo tiempo, por lo que la policía estaba preocupada y pensando qué hacer con nosotros, pues la cantidad de patrullas y camiones no alcanzaba para llevarnos a todos.

Uno de los comandantes dio instrucciones a los oficiales para que ingresaran a detener al menos a los metaleros con el pelo más largo o que portaran artículos peligrosos, por ejemplo, brazaletes, cadenas o clavos. ¡Qué bueno que no llevé los míos ese día! Dos de mis amigos fueron detenidos por su pelo largo y por sus brazaletes de cuero y cadenas. Así que solo estábamos mi amigo Luis y yo.

Transcurridas unas horas, los policías empezaron a sacarnos del lugar uno por uno, mientras nos registraban y nos dejaban salir. Posteriormente, mi amigo Luis y yo corrimos a tomar un bus para regresar a nuestras casas antes de que los noticieros empezaran a dar a conocer todo lo que había sucedido en la Fosforera. Alrededor de las 6:00 p. m. de la tarde, fui a comer a una pequeña soda cerca de mi casa, cuando los noticiarios comenzaron a difundir todo lo que había sucedido en el concierto de la Fosforera. Ahí es donde aparecí en algunas imágenes del concierto, sobre todo en la salida y caminando hacia el portón principal. Esto me trajo bastantes problemas con mis padres y algunos familiares, que no entendían qué estaba haciendo yo ahí, en ese ambiente.

Con esta anécdota quiero exponer lo siguiente. Nuestro mundo está en constante cambio, surgen nuevas tendencias, modas, hobbies, cambios tecnológicos, entre muchas otras cosas. En 1992, se daba a conocer el Internet en el mundo y todo lo que podíamos hacer con él. Para muchos fue algo increíble, pero para otros esto fue algo que no entendían. Lo ocurrido en la bodega la Fosforera fue un evento para el disfrute de nosotros, los metaleros. Para otros fue algo extraño que no entendían, para otros fue algo satánico y así muchas cosas más se inventaron los medios para generar miedo en la sociedad. Durante meses nos persiguieron los policías, los medios de comunicación, muchas personas perdieron sus trabajos, les quitaron sus camisetas, su música, fueron hasta expulsados de sus hogares, entre otras. Todo porque la gente le tenía miedo a algo que no entendían. Hoy en día, este tipo de conciertos se hacen todo el tiempo en muchos países y en Costa Rica, por ejemplo, con la llegada de Iron Maiden en el año 2008 y Metallica 2010, las cosas empezaron a cambiar. Hoy podemos ver las cosas de otra manera, incluso la música metal se ha vuelto hasta una moda entre las personas jóvenes.

Finalmente, con este capítulo quiero decir que las cosas y los tiempos cambian y hay que aprender a ver el mundo de otra manera. Lo que para muchos es algo malo, para otros es algo normal. ¿Quién tiene la razón? No lo sé, lo que sí sé es que la vida es una aventura que vale la pena vivir y disfrutar al máximo, siempre que respetemos el punto de vista de los demás. Esta pequeña aventura que viví fue algo que me quedó en mis recuerdos por el simple hecho de que no es algo que pasa todos los días.

La vida puede ser una gran aventura si aprovechamos hacer lo que nos gusta y disfrutarlo al máximo, aun cuando a los demás les parezca extraño o loco.

## A PESAR DE TODO DIOS ESTÁ AHÍ

La vida es una serie de acontecimientos en secuencia o que interactúan con otras circunstancias, de manera que en algún momento algo o alguien se cruzará en nuestro camino. Esto por lo general provocará que algo bueno o malo suceda, según cómo lo veamos. Esta es una situación en la que pensamos mucho, algo que deberíamos evitar para vivir mejor nuestro presente. He venido diciendo que nuestra vida es como la veamos, como la construyamos y como la sintamos. No obstante, nuestra fe puede cambiar las cosas y es en este punto en el que, al menos en mi creencia, hay un Dios que intercede en las situaciones y en los momentos. Muchas personas cuestionan la existencia de Dios y todo lo que La Biblia nos dice. La ciencia y los historiadores han tratado de comprobar todo lo que ahí se afirma y la existencia de Jesús. Sin embargo, no voy a debatir un tema en el cual cada uno es libre de creer. El ser humano, ante un evento no deseado, de dolor, sufrimiento o muerte de algún ser muy querido, necesita creer en algo que lo ayude a tener esperanza de que se puede superar esa situación. Es aquí cuando nos damos cuenta de que, a pesar de todo, Dios está ahí manifestándose de alguna forma, sin que podamos verla, la cual puede ser a través de una persona, un milagro, un acontecimiento, no sé. Creo que cada uno puede creer en lo que quiera o en lo que lo haga sentir bien.

Por otro lado, lo más difícil es creer que las cosas malas que nos suceden en el instante y de acuerdo con la interpretación que le demos se envían por Dios o por el destino como un castigo. Pero, si se analizan bien, podríamos suponer que muchas de las cosas que nos pasan pueden ser Dios dándonos una señal, un camino o una lección de vida, o bien por qué no, una recompensa. Es algo difícil de saber, lo que sí sé en mi experiencia es que cuando uno reza o manifiesta con fe y le pide a Dios ayuda, él tarde o temprano escucha. No obstante, esto no significa que él nos ayude de la manera en la que esperamos. Solo podemos esperar y saber que él estará ahí de alguna forma y no lo podemos ver o sentir tan fácilmente como quisiéramos, sin embargo, lo que es cierto es que si tenemos fe él actuará.

Voy a ponerles un ejemplo que tal vez es muy común. Cuando por alguna circunstancia nos quedamos sin dinero y necesitamos cubrir alguna necesidad urgente. Por lo general, le pedimos a Dios que nos ayude a solucionar el problema, no obstante, esto no es así de mágico, en donde solo se lo pides y él llega a tu puerta por arte de magia divina. Dios trabaja de otra forma, ya que las cosas se darán en la medida que uno haga algo y se mueva para hacer lo que sea necesario para conseguir el dinero. Sé que podrían pensar que también es la ley de la atracción, tema que también ya hemos mencionado, pero veamos otro ejemplo. En las necesidades, Dios nos ayuda a obtener lo que necesitamos si trabajamos por nuestra cuenta, o bien por medio de otras personas que se presentan justo en el momento en el que las necesitamos. Esto también podríamos verlo como aquellas oportunidades que nos llegan de la nada justo en un momento difícil, como un nuevo trabajo, una nueva amistad, superar una situación de salud, en fin, muchas cosas que nos han agobiado en algún momento. Dios no trabaja como un rey Midas, sino como un ser que nos guía y nos pone las oportunidades para superar las adversidades o conseguir lo que necesitamos en el momento. Lo que sí sé por experiencia propia es que la fe puede mover montañas y es algo difícil de creer, solo por el hecho de que no la podemos ver, pero sabemos que está ahí, de alguna forma. Todo esto que te digo es con la plena convicción de que Dios nos escucha de alguna manera, no importa si tú crees en él o en otras formas divinas, lo importante es tener la fe de que las cosas son posibles y aun cuando esta pueda ser algo injusta con nosotros o con otras personas. Lo cierto es que Dios siempre está ahí.

## LA FELICIDAD ES UNA DECISIÓN Y NO UN RESULTADO QUE BUSCAMOS

Hoy día se habla mucho sobre la felicidad, que es necesario ser felices, que busquemos la paz interior, que seamos positivos u optimistas, pero ¿qué entendemos por felicidad? La felicidad es un camino que erróneamente hemos creído, es un lugar o una meta al cual hay que llegar o cumplir en la vida, no obstante, va más allá de eso, es una decisión diaria que tomamos en el presente y la vivimos en un estado de bienestar interno. No es lo mismo la felicidad de una persona con respecto a otra, ya que cada uno sabe lo que lo hace feliz en la vida. Algo curioso con este tema tan abstracto es que la sociedad nos trata de convencer de que la felicidad es tener algo material, un estatus, un poder sobre otros, fama, dinero entre muchas otras cosas. Con esto no quiero decir que alcanzar sueños y metas en la vida no sea importante, de hecho, parte de nuestra felicidad es cumplir anhelos, metas ensueños, como lo quieras llamar. Sin embargo, en el fondo la felicidad es disfrutar del camino que la vida nos ofrece a diario, por ejemplo, una conversación con alguien a quien apreciamos, compartir con amigos, tener una familia, realizar un viaje sin importar lo pequeño que sea, hasta comprar algo que queremos y experimentar esa sensación plena de obtenerlo. Es sentir una sensación de bienestar interior y pleno en nosotros mismos.

La felicidad se trata de encontrarle un sentido y un propósito a nuestra vida en todo aquello que nos gusta hacer y vivir una constante evolución en nosotros, ya que cada etapa de nuestra vida es diferente. Por lo tanto, nuestro concepto de la felicidad puede ir variando en el tiempo. No es lo mismo preguntarle a un niño de 6 años qué lo hace feliz, que si preguntamos a una persona con más de 65 años. Ambos dirán cosas muy diferentes, porque la felicidad se vive en el presente como una manera de fluir con lo que somos, es sentirse pleno con todo lo que hemos hecho con nosotros mismos aquí y ahora en el presente y eso empieza desde que abrimos los ojos hasta que nos acostamos a dormir. Pero ¿por qué a las personas les cuesta tanto ser felices, aun cuando tiene todo en la vida, incluso una buena salud? Bueno es una pregunta bastante interesante y extensa de contestar, esto porque en el fondo, la felicidad se construye en el entorno que crecemos, en las creencias que nos enseñan en nuestro hogar, por las vivencias que experimentamos o por la interpretación que tengamos del mundo que nos rodea en el momento. Nuestro cerebro piensa y nuestro corazón late cuando somos felices y van de mano en la vida que construimos. Mucha de nuestra infelicidad es la constante comparación con los demás, creyendo que los demás son también nos harán felices a nosotros. La felicidad más que tener cosas, estatus social es sentirse pleno con lo que es, aun cuando esto vaya en contra de las expectativas sociales, familiares o laborales.

Algo que quiero compartir en este tema fue cuando estaba cursando una especialidad en bienestar y la felicidad en las organizaciones, a inicios del año 2020, cuando llego la famosa pandemia de la COVID 19. Este tema me llamó mucho la atención, porque durante muchos años he trabajado y enseñado modelos de gestión organizacional, cuyo fin es la mejora continua. Esto me hizo creer que dichos modelos podrían brindar bienestar a las personas que trabajan en la organización donde yo estaba. Pero, con el tiempo me di cuenta de que no era así, las personas deben vivir su felicidad en su vida personal, sin embargo, también disfrutar del trabajo que hacen, sino la felicidad no será plena. Te has preguntado ¿cuántas personas viven infelices en su trabajo?, me imagino que podrían ser muchas. Esto depende del contexto donde se encuentren. Si quisiéramos averiguar qué nos hace felices en el ámbito laboral creo que lo primero que debemos averiguar es: ¿Cuál es el objetivo de nuestra existencia? ¿Qué queremos en la vida? ¿Qué esperamos de ella para ser felices? ¿Qué sentido tiene para nosotros el trabajo que hacemos?

Quizás muchas veces te has preguntado: por qué hago lo que hago y qué sentido tiene para ti hacerlo o acaso llegamos a este mundo con el único fin de cumplir una etapa más en la evolución de este planeta. Todos necesitamos algún motivo para darle sentido a nuestra vida y eso será parte fundamental de nuestro propósito. Pero, también debemos hacer aquello que nos gusta, de aquello que disfrutamos. Realizar un trabajo que nos gusta contribuirá a mejorar nuestra calidad de vida si también le encontramos un sentido a lo que hacemos.

Como he dicho, la felicidad es vivir el presente, haciendo aquello que nos gusta y dejar que las cosas fluyan con nosotros. Con esto no quiero decir que tu vida siempre será color de rosa, la felicidad no es sobre eso, se trata de superar cada obstáculo, disfrutando el camino. Con el tiempo te darás cuenta de que la felicidad no viene de llegar a la meta, sino lo que viviste llegando a ella. Te invito a leer más y a investigar sobre la felicidad, para que veas que no es difícil vivirla, es solo cuestión de querer vivir y hacer todo aquello que te guste sin importar lo que opinen los demás. La vida es muy bella y vas a ver que también es sencillo vivirla, porque veces creo que somos nosotros los que nos complicamos la vida intentando hacer felices a otros y, si te enfocas en lo que te hace feliz, encontrarás ese propósito de vida. No olvides algo, solo se vive una vez, así que aprovéchalo…

## LAS OPORTUNIDADES ESTÁN PARA APROVECHARSE

Las oportunidades están para aprovecharse, esta es una afirmación que a diario escucho decir de las personas ¿y será acaso que en verdad las aprovechamos? Una oportunidad es una situación que sin buscarla desde el inicio podemos usar para sacar un beneficio. Desde que nos levantamos, empezamos a pensar: ¿qué voy a hacer hoy? ¿cuáles planes tengo? y así sucesivamente pensamos en todo lo que se hará durante el día. No obstante, salimos a explorar el mundo esperando que todo nos salga muy bien, así como lo imaginamos. Pero, no nos damos cuenta de que las cosas no salieron como lo esperábamos y sé que esto ha sido frustrante en más de una ocasión. Sin embargo, las cosas o los sucesos que vivimos terminan siendo algo diferente. Quizás porque no lo planeamos bien o algo interfirió con nuestro plan ese día. Ahí es cuando, de un momento a otro, aparece la oportunidad. Esa situación que sin buscarla es algo diferente a lo que esperábamos. De hecho, muchas veces una nueva oportunidad termina por cambiarle la vida a las personas.

Cuando hablamos de posibilidades, se puede pensar en el ofrecimiento de un nuevo trabajo, un proyecto, un ascenso, conocer a una nueva persona o lugar, comprar algo que necesitas y así entre muchos otros. Esto se debe a que podemos tener muchos planes y cómo los vamos a hacer, pero de repente otra persona pensó algo diferente y tomó decisiones que influyeron en tus planes. Esto nos puede hacer tener dos visiones distintas: una, lo que nos afectó ese día y no me gustó porque alteró mis planes, o bien puedo sacar provecho de algo que no esperaba, pero mi interpretación puede enfocarse en sacarle provecho. Sé que cada uno de nosotros en algún instante se ha enojado porque las cosas no salen como se esperaba. Pero, si se analizan bien y con calma, en ese momento puede aparecer la oportunidad de sacar provecho de la situación.

Te pongo un ejemplo que tal vez es muy común en las personas: una persona estudia y se prepara creyendo que con eso le subirán el salario en su sitio de trabajo. Si bien esa es la intención, no siempre puede ocurrir, ya que esto debe ir acompañado de una oportunidad en una nueva función o puesto. Pero, por otro lado, si estudias y te superas, podrías pensar en un emprendimiento con lo que sabes, por ejemplo, dando asesoría y ofreciendo servicios profesionales o un trabajo de medio tiempo. El tema aquí es que las oportunidades existen si salimos a buscarlas en lugar de esperar a que lleguen.

Creo y apuesto que a todos se nos ha presentado en alguna ocasión una oportunidad de oro y esa ha logrado un cambio importante. No obstante, no todas las oportunidades son de oro, ya que no hay garantía de éxito. Esto solo depende de si la oportunidad fue la correcta o si las condiciones fueron favorables.

Cuando en el capítulo anterior me refería a la felicidad que construimos, no podría obviar que las oportunidades que buscamos en la vida ayudan a cumplir nuestras metas y estas están estrechamente relacionadas con las posibilidades que podemos aprovechar. He escuchado a amigos y colegas a quienes no les va bien en la vida o que muchas cosas en las que trabajan no terminan como quieren, quizás porque se dedicaron a esperar que esas oportunidades llegaran. Nuestra falta de visión en nosotros mismos muchas veces nos traiciona y no nos permite ver las oportunidades que podemos aprovechar y hasta el orgullo nos puede afectar en esto.

Claro, las oportunidades, como lo he mencionado, no llegarán a la puerta de la casa a sacarnos de la cama. Esto es algo en lo que debemos trabajar en nosotros mismos y salir a buscar eso que queremos y que nos merecemos. Te cuento una anécdota personal: recuerdo una vez que me mencionaron en mi trabajo un proyecto donde se requería de un consultor ambiental para gestionar la regencia ambiental de este. Fue así como me preguntaron si yo conocía o podía llevar esa regencia. En mi interior, yo sentía que no estaba preparado, pero también sabía que era mi oportunidad para incursionar en un nuevo campo. Fue así como dije que aceptaría hacer el trabajo como consultor ambiental.

Posteriormente, empecé a moverme rápido, ya que debía cumplir con algunos requisitos legales y gestionar unos trámites para ser un consultor calificado. Esto me llevó a matricularme en un colegio de ingenieros y realizar ciertos cursos. Después de mi incorporación, llevé otros cursos complementarios para llevar a cabo inspecciones de campo, trámites y reportes operacionales como regente ambiental. Si bien tuve que moverme rápido y aprender cosas nuevas y hacer trabajos que nunca había hecho, esto representaba para mí una nueva experiencia y una oportunidad que no podía desaprovechar.

Transcurrieron los días y el equipo de ingenieros, junto con los desarrolladores, estaban satisfechos con mi trabajo. Si bien todo era nuevo para mí y, de hecho, algunas cosas me asustaban, logré salir adelante con la tarea.

De esta experiencia logré varias cosas: primero, salir de mi zona de confort; segundo, aprendí mucho con los cursos y con la experiencia de campo; logré exponerme más en la organización y con otros actores del proyecto. Lo mejor de todo es que, con el paso de los años fui participando en más proyectos, con los cuales incrementé mi experiencia como consultor ambiental.

¿Qué vino después de todo esto? Una nueva oportunidad para dar clases en la universidad. Por coincidencia, en la carrera donde yo impartía clases de Ingeniería Ambiental, surgió un día la oportunidad de ofrecer un curso relacionado con la regencia ambiental. Eso ya fue otra oportunidad que no dejé escapar y donde aproveché para incrementar mis ingresos.

Con esta pequeña experiencia lo que quiero exponer es que las oportunidades pueden presentarse en cualquier momento y, de cualquier forma. Aunque uno no lo sepa, hay que aprender a arriesgarse para ganar y progresar en la vida. No les niego que no sabía del todo lo que estaba haciendo, pero decidí aprender haciendo y a equivocarme en el camino, sin importar los comentarios negativos de las personas.

Todo estaba en creérsela uno mismo y, con el tiempo y paciencia, las recompensas llegarán si aprovechamos las fortalezas que cada uno tenemos. Esto es algo extraño, porque curiosamente somos nosotros los que no creemos que las tenemos hasta que las ponemos en práctica.

Hay que recordar que cada uno de nosotros nació con algo bueno y con una habilidad que podemos descubrir con el tiempo. Es solo cuestión de explorarlo en la medida en que nos animamos a aprovechar las oportunidades que nos da la vida y en cualquier ámbito, no solo en el trabajo, sino también en el ámbito social, familiar y deportivo.

¿Cuántas posibilidades dejamos ir en el camino por el miedo o la inseguridad en nosotros mismos? Como se indicó antes, da miedo tomar riesgos sin estar seguros, pero ¿qué podemos perder si también podemos ganar mucho?

De esta experiencia aprendí que las oportunidades se presentan sin avisar un día, en cualquier momento, en cualquier lugar y con cualquier persona. Todos tenemos posibilidades, es solo que no las queremos ver y a veces porque esto representa tener que hacer un cambio en nosotros mismos y hasta de rumbo.

Todo cambio es algo que a veces no nos gusta experimentar porque tenemos miedo o incertidumbre de lo que pueda pasar. A pesar de esto, algunas veces le reclamamos a la vida que a otras personas les va mejor que a nosotros y quizás será porque ellos sí aprovecharon las oportunidades que nosotros muchas veces dejamos ir o no quisimos ver.

Te puedo decir que las oportunidades están para aprovecharlas y si no las tomas en el momento en el que se presentan, otro lo hará y quién quita termines trabajando para esa persona. No hay garantía de que cada oportunidad que aprovechemos sea un éxito, porque también he aprendido que hay oportunidades que no estaban para uno.

Con las oportunidades se gana y se pierde, pero también al final se aprende, cuando identificamos que cosas no salieron bien en una oportunidad que no se dio como queríamos, no obstante también hay oportunidades donde los resultados fueron muy favorables para nosotros, así que nunca dejes las oportunidades para después, no pares de intentarlo una y otras y de distintas formas, porque no sabes si regresarán para ti en otro momento. Así que cada mañana, cuando te levantes, piensa e imagina: ¿Cuántas oportunidades se me pueden presentar hoy en tu camino? Y jamás desaproveches una conversación con alguien (una persona puede ayudarte con la oportunidad que estas buscando).

Como dije en un capítulo anterior, nadie logra nada en la vida si no es por la ayuda de otros. Una oportunidad te puede cambiar la vida, a veces sin darnos cuenta de esto.

## ES MEJOR SER DIFERENTE

¿Cuán importante es ser diferente? No sé si alguna vez te has hecho esa pregunta, pero en mi caso, les puedo contar que me ha funcionado mucho. Aquí podría contarles muchas anécdotas, porque son las experiencias las que demuestran que ser una persona diferente es lo que te hace más feliz y exitoso en un mundo de comparaciones y copias

La sociedad espera de ti muchas cosas, que con el tiempo te han inculcado en muchos ámbitos sociales y familiares, como las modas, las tendencias o los estereotipos. Todo esto con el único fin de que puedas encajar mejor con ellos y no es que pretendo ser un anticuado, no obstante, tampoco ser algo o alguien que no quiero ser o aparentar, solo porque la sociedad así te lo hace ver.

Cada minuto que pasa nuestro entorno cambia en algo, sobre todo cuando hablamos de tecnología, redes sociales, tendencias de moda o nuevos pensamientos y creencias y no podemos estar ajenos a eso, porque también hay que mantenerse actualizado, para evolucionar con el mundo que nos rodea. Sin embargo, las cosas extraordinarias son y pasan cuando son diferentes.

Te pongo un ejemplo sencillo: vas a un campo de flores de color amarillo y pronto ves en el centro una flor de color rojo, es de seguro de que te quedaras viéndola. ¿Por qué? Porque es diferente y lo diferente nos gusta y nos atrae. Algunas anécdotas que te he venido contando en este libro han sido de eso, de lo distintas que pueden ser las cosas cuando pensamos fuera de la caja.

¿Por qué digo esto? Porque ser diferente nos puede ayudar a sobresalir en un trabajo, en un proyecto, en una relación, en cualquier cosa que hagas, trata de ser diferente, pero siendo auténtico y, sobre todo, que te guste. Tampoco se trata de ser diferente por serlo, se trata de ser uno mismo, y eso muchas veces es muy criticado por otras personas que te rodean.

Con el tiempo aprendí a tratar de ser más yo en ciertas cosas y eso ya me ha hecho actuar diferente ante el pensamiento de los demás. Sin embargo, a veces me veo forzado a ser cosas que en lo personal no me siento a gusto. Las personas le temen a lo que en ocasiones es distinto, aunque suene contradictorio también a la gente le gusta lo diferente. ¡Esa es la paradoja de la vida! Como mencioné en uno de mis capítulos, pensar fuera de la caja también nos ayuda a encontrar las oportunidades que buscamos, porque en un mundo que se ha vuelto tan competitivo, el ser diferente te puede mantener en el juego de la vida laboral y social. Esto lo he aplicado en la universidad donde imparto mis clases, donde debo hacer cosas distintas para que las personas discentes muestren interés por cada tema y esto es todo un reto para mí a diario.

Algo que he notado en los últimos años es la incesante necesidad de buscar una aprobación de los demás en las redes sociales y sé que es una tendencia o moda, publicar todo lo que hacemos, quizás porque en el fondo queremos llamar la atención de los demás, o bien mostrarles lo bonito que estamos haciendo. Esto no es malo, pero sí lo es el depender de eso para encajar con los demás.

Yo reconozco que me encantan las redes sociales, ya que me gusta ver noticias, hechos, documentales o temas de mi interés. Sin embargo, también aprendí que las mismas no pueden prestarse para discutir con tu propio círculo social. No vale la pena utilizar la tecnología para pelear con el mundo, más bien para crear lazos y acercamientos con aquellas personas que no puedes ver físicamente y sé que alguien podría criticarme por esto. Lo que quiero decir es que la vida es muy corta como para perder el tiempo en las redes sociales peleando con los demás.

Creo que hay cosas más importantes e interesantes en este mundo para disfrutar. Recuerda que todos publicamos en redes, pero también depende de ti no gastar tiempo en interpretar si el mensaje es para ti o no. Es mejor ser diferente y usar las redes como un medio para aprender algo bueno y respeto lo que cada uno piensa y decide con las redes sociales.

Un documental de DW denominado La comercialización de la propia imagen: los peligros de las redes sociales, elaborado por Elisa Jadot, expone que la felicidad se basa en la imagen y aceptación de las personas a través de aplicaciones digitales y al creciente uso de las redes sociales tales como Facebook, TikTok, Instagram, entre otras.

Dicho documental indica en un estudio que realizó el observatorio francés de drogas y toxicomanías, que las personas jóvenes son las que más tiempo pasan conectadas, debido a que en las redes sociales se comparten imágenes y videos. Estos generan estímulos en su cerebro que, a la vez, provocan sensaciones placenteras. Por lo tanto, se vuelve una adicción con el tiempo y como cualquier droga, es difícil dejarla.

¿Será que la felicidad se ha vuelto acaso un tema basado en la aceptación social? Donde creemos que la cantidad de me gusta nos da esa sensación de felicidad. Algunos estudios publicados en libros y revistas internacionales han demostrado que la felicidad de cada individuo depende de cuán claro tiene su propósito en la vida y el ser una persona diferente te puede ayudar a lograr muchas cosas.

Solo piensa si ganaras ese puesto de trabajo que deseas o cumplir ese sueño o meta haciendo lo mismo de siempre. Tal vez pase o quizás no, eso solo depende de lo que hagas y cómo lo hagas. Lo que es cierto es que la diferencia marca un antes y un después de lo que somos en la vida y cada decisión que tomemos en el momento.

Como he afirmado, cada uno es feliz con lo que le haga bien a su vida y, volviendo al tema, el ser diferente y en la manera en la que tú decidas serlo, te hará una mejor persona. Ser uno mismo a veces representa ser distinto en muchos ámbitos ante los demás y esto podrá gustar a muchas personas y a otras no, lo que incluye tu propia familia.

Sin embargo, como he dicho, las cosas diferentes son mejores cuando son auténticas, siempre en la medida que se respeten las leyes universales. Creo que todos tenemos algo distinto que ofrecer, porque las cosas distintas son mejores cuando resaltan sobre lo convencional y esperable. Así que anímate a ser como te guste, aun cuando esto represente ser diferente ante los demás. Hay que recordar que la felicidad está en ser lo que queremos ser y no en lo que los demás esperan de nosotros.

## EL CRECIMIENTO PERSONAL DEBE SER SIEMPRE UNA META

Un tema que no quiero dejar de lado es el constante crecimiento personal. Una lección que he aprendido es que la vida y todo nuestro entorno están en persistente cambio. Lo que hoy sabemos, a partir de mañana puede que deje de existir y esto ya es un reto por vencer, porque no podemos vivir en un mundo que ya pasó.

Recuerdo cuando tuve mi primer celular, por el año de 1998, era un completo ladrillo. No obstante, la tecnología ha avanzado cada vez más rápido y esto ha logrado que nuestro mundo esté más conectado con otras personas, y hasta resolviendo con inteligencia artificial nuestras necesidades.

Sin embargo, nuestro cerebro también necesita actualizarse, porque este también cambia con el paso de los años. Por lo tanto, ejercitarlo y mantenerlo actualizado con nuevos aprendizajes nos permite adaptarnos cada día en el mundo que vivimos. Esto no es tarea fácil, el constante aprendizaje debe ser un hábito y, como todo hábito, hay que crearlo y mantenerlo con el tiempo.

Curiosamente, nuestros sistemas de vida y las distracciones nos mantienen muy ocupados y entretenidos y eso no está mal, lo que sí no debe ser es que nuestro cerebro se vuelva obsoleto. Esto por nuestra falta de voluntad para alimentarlo de cosas nuevas.

Así como una persona hace ejercicios y come bien para mantener o mejorar su salud física, nuestro cerebro también necesita ejercitarse en conocimiento y nuevos aprendizajes. No importa en qué campo lo hagas, pero es necesario hacerlo.

Sin embargo, ¿por qué nos cuesta tanto estar en constante aprendizaje? Algo que he identificado y espero no equivocarme es el acceso a la información por Internet. Hemos llegado hasta el punto de no seguir aprendiendo por el simple hecho de que, si necesito saber algo, solo debo buscar en Internet y listo, ahí está la información y no es necesario que aprenda más.

Si bien el Internet es una plataforma universal de información, también nos puede hacer creer que todo lo publicado ahí es verdad. Esto se debe al vago juicio o conocimiento de las cosas que buscamos.

Hoy en día leer y escribir se ha vuelto una buena terapia y no solo porque mejora nuestro conocimiento, sino también porque nos mantiene en constante aprendizaje y ejercicio cerebral. Con el paso de los años he aprendido que leer constantemente y seguir aprendiendo me ha ayudado a mejorar mucho mi calidad de vida, no solo porque soy docente universitario, sino porque además me ha ayudado a crecer intelectual y espiritualmente y, sobre todo, a comunicarme de una mejor manera con los demás (tema en el cual aún sigo trabajando).

Las nuevas tendencias de información, como las redes sociales bien utilizadas, nos pueden ayudar mucho a mantenernos en constante aprendizaje. Esto siempre en la medida que busquemos temas que nos puedan aportar al crecimiento y desarrollo personal.

No obstante, lograr el constante crecimiento personal, así como el físico u otros implica un sacrificio de tiempo y esfuerzo diario, que debemos mantener siempre que queramos seguir mejorando. Lamentablemente, como docente universitario, me he dado cuenta de que cada vez buscamos hacer el mínimo esfuerzo para aprender y los métodos que utilizamos para enseñar ya no son tan eficaces.

Por este motivo, he tenido que reinventarme en métodos de enseñanza para buscar la mejor manera de transmitir los conocimientos a mis alumnos y esto tuvo un cambio bastante radical posterior a la pandemia de la COVID 19, entre los años 2020 y 2021. Sin embargo, aprendí lo importante y necesario que es retroalimentar al cerebro con nuevos conocimientos, porque la pandemia de estos 2 años nos obligó a desaprender muchas cosas y aprender otras.

Esto fue una buena lección para mí y creo que para muchas personas que pasaron tragedias intentando conectarse por una videoconferencia, solo por poner un ejemplo sencillo. Las cosas y nuestro entorno cambian en cualquier momento, por los motivos que sean. Así que no nos queda más que seguir aprendiendo y creciendo en conocimiento para poder vivir una vida más tranquila y plena.

Sé que muchos pueden decir: ¡Qué pereza tomar otro curso!, ¡qué pereza leer!, ¡qué pereza aprender algo que tal vez aún no sé si me servirá de algo! No obstante, lo que sí te puedo decir es que, si no buscas el hábito de aprender, de la forma que sea, pronto te volverás una persona prehistórica y obsoleta y sé que no te gustaría estar ahí.

En la actualidad tenemos muchas formas de aprender en cualquier tema que te guste. Por ejemplo, puedes leer, escuchar o ver videos sobre los temas que más te apasionen, ya sean historias, novelas, documentales, entre muchas más opciones. Solo recuerda que debes buscar tópicos de actualidad y que te aporten al bienestar mental, profesional o social.

Sé que las malas noticias, escándalos y chismes son algo tentadores de ver y no niego que a uno le gustan todos esos temas. Sin embargo, trata de no desviarte en aspectos que no suman a tu crecimiento personal, sino todo lo contrario.

En lo personal, me gusta casi de todo, no obstante, en general, me gusta mucho leer, ver documentales, asistir a seminarios, charlas y talleres en temas que se relacionan con el entorno y actualidad personal y profesional.

Así que, sea cual sea tu tema favorito, empieza por generar en ti el hábito de aprender y actualizarte en todos los temas que puedas, que te gusten y que te ayuden a crecer en la vida y en el trabajo. Con esto no te garantizo ser más sabio, pero sí ser más inteligente de lo que ya eres.

## TODO TIENE SU TIEMPO

Esta reflexión me hace recordar muchas cosas en mi camino por la vida. La primera es que hay un tiempo para todo y a esto me refiero con todas las épocas en las que vivimos y evolucionamos.

Primero está la niñez, esa época en la que vemos el mundo como un niño. En mi caso, viví en una finca con agricultores, animales de granja y en condiciones muy sencillas. No obstante, si algo puedo decir es que la disfruté mucho, ya que nunca me importó correr con los pies descalzos, jugar en los árboles, a las escondidas, a lanzarnos con una cuerda a un pequeño río, jugar con animales, entre muchas cosas que hoy vemos muy poco. Esa época estuvo acompañada de la escuela, donde conocí a otros niños con los que crecí jugando y aprendiendo del mundo.

Con el tiempo llegó el colegio, esa etapa difícil para mí por el simple hecho de estar en la adolescencia y cuando empecé a vivir esa vida de metalero, de chico rebelde y en una época como los años noventa, con tantos cambios en la sociedad, las nuevas tecnologías, el nacimiento del Internet entre otros. Sin embargo, de igual manera, supe salir adelante y aprender muchas lecciones de vida en esa década.

Para el nuevo milenio (2000) ya me encontraba más estable y con un buen trabajo. En ese momento estaba haciendo una vida social y en busca de una pareja con quien pasar mi vida.

Volviendo a la actualidad, 24 años después, hoy me encuentro en una nueva etapa en la cual siento que he progresado mucho y vivido una vida plena, cumpliendo, además, muchos sueños y metas, gracias a Dios y a muchas personas que me ayudaron a realizarlas. No me arrepiento de mis errores, porque con ellos aprendí de la vida y sobre cómo salir adelante de los problemas y desafíos, los cuales sin ellos no hubiera aprendido a vivir y a crecer.

Cada éxito y fracaso que tuve me ayudó a comprender cuál era mi propósito de vida. Como lo he explicado en todos los capítulos de este libro, cada situación tenía que suceder por algún motivo que solo el tiempo me aclaró.

He disfrutado mucho cada momento que he vivido: fiestas, aventuras, decepciones, pérdidas y vivencias en el trabajo, con familia y amigos. Todo esto me llevó a mi crecimiento personal y nunca lo entendí en el instante, hasta que cada situación del presente conectó con el pasado de esas situaciones que viví y con esto creé la situación que vivo hoy.

Para muchos fui el malo en su película, para otros fui el salvador y para otros solo un espectador. Pero, de igual manera, todos los demás fueron y son parte de mí. Te puedo decir que tu presencia en este mundo será la linda historia de alguien, así como el infierno de otra, lo que es importante es tener claro cuál fue o es el propósito de esa historia. Esto no se sabe hasta que la vivas por ti mismo, recordando que tú eres el arquitecto de tu historia y si algo no te gusta de lo que estás viviendo, solo tú puedes cambiarlo.

Culpar a otros por lo que vives no cambiará nada, porque tal vez ni lo saben y si lo hacen posiblemente tampoco modificarán su conducta. Así que ánimo, hay que tomar las decisiones necesarias, con o sin miedo, de morirnos no pasará.

Recuerda que todos nos tenemos que ir de este mundo con los más bellos y hermosos recuerdos de todo aquello que nos gustó hacer. Así que no pierdas el tiempo en aspectos que no valen la pena llevar, por ejemplo, las cosas materiales, peleas o rencores.

En su lugar, es mejor llevar provechosos recuerdos de tu familia, amigos, compañeros y de aquellas personas que te ayudaron a crecer y ser mejor en algún momento. Y también comprendo que a veces no es fácil olvidar malas experiencias, a mí me ha costado, pero de igual forma todos podemos hacerlo o seguir trabajando en ello.

Todos tenemos 24 horas durante el día y no sabemos cuándo las volveremos a tener hasta que llegue el siguiente día, así que aprovecha cada momento para construir en ti algo bueno, aunque a veces no te lo creas. Trata de trabajar más tus sueños y dejemos de lado las situaciones que no nos ayudan a crecer.

Sé que suena más bonito decirlo que hacerlo, pero uno debe hacer ese propósito para no terminar siendo parte de la historia de otra persona en lugar de protagonizar la propia. Sabias palabras de César Lozano, conferencista mexicano a quien recomiendo leer sobre su historia y vivencias.

## **DEJA UN LEGADO**

Este tema es algo que puede hacer reflexionar a más de uno, especialmente cuando sabemos que estamos de paso por este mundo. Te preguntas si alguien se acordará de ti en el futuro o simplemente serás un recuerdo que podría desaparecer con el paso del tiempo.

No sé cuán importante podría ser este tema para alguien, pero hablaré en mi caso. A lo largo de la historia, grandes personalidades han dejado huella con sus acciones y ejemplos y no necesariamente fueron personas perfectas, solo dejaron un legado para las futuras generaciones. Por ejemplo, Steve Jobs, Madre Teresa, Nelson Mandela, Marie Curie, princesa Diana, Ana Frank, Martin Luther King, entre muchos otros.

Sin embargo, conocimos a estos personajes por muchas de sus obras aquí en la Tierra, por sus buenas acciones o porque hicieron cambios en este mundo con sus ideales. Sería hermoso ser alguien por quien ser recordado, pero esto se logra cuando generamos un impacto en la vida de alguien o de varias personas.

También se puede incluir a aquellos que construyeron un mundo mejor para otros y hoy nadie los recuerda. Solo quedaron para quienes los conocieron en vida y lograron conocer su legado, mientras que otros no dejaron nada. Cuántas personas pasaron años enseñando a otros las cosas buenas de la vida o salvando vidas en la guerra, en las calles rescatando animales, personas en los hospitales o albergues cuidando a otros. Esto no se trata de fama, sino de dejar un legado a las futuras generaciones y ver ¿cómo se puede dejar un mundo mejor?

Te lo pongo de esta manera, cada uno de nosotros tiene un talento o habilidad para realizar algo bueno, de hecho, hasta podríamos hacer dinero con eso, ganar fama o reconocimiento. Sin embargo, de qué sirve ganarlo, si no dejas algo bueno para los demás, dejar algo que ayude a otros a mejorar su vida, algo por lo que te recuerden.

Si lo pensamos bien, podemos dejar experiencias, cosas materiales que ayuden a otros o ayudas de otra índole. Por ejemplo, he visto médicos que regalan un poco de su tiempo en ayudar a personas que no tienen cómo pagar una consulta.

Un artista que regala un show para animar a niños que no pueden ir a verlo, personas que limpian playas, ayudan a niños, ancianos, personas necesitadas en las calles, otros que aportan a la educación, personas que ayudan a rescatar animales heridos o abandonados, otros que aportan a grupos de autoayuda, entre muchas otras.

Si lo piensas, podrías ayudar a una persona con algo en lo que tú eres bueno y que esa persona nunca podría pagarlo, pero que sabes que lo necesita para salir adelante, eso te ayudaría a ti a ser un mejor ser humano y contribuiría a tu felicidad. Todos podemos dejar algo bueno, no solo para que nos recuerden, sino porque podemos dejar un mundo mejor, no importa lo pequeño que sea, todo suma.

En mi caso, soy docente universitario, donde en una de las carreras imparto algunos cursos que se relacionan con la gestión empresarial. Recuerdo una vez que una alumna, varios meses después de haber estado en uno de mis cursos, me llamó para contarme que fue a una entrevista, donde le hicieron diversas preguntas relacionadas con temas que vieron en una de mis clases.

Me sorprendió el hecho de que esa alumna me llamara un día para contarme que logró un puesto luego de su entrevista, gracias a lo que aprendió. Me dijo: "Gracias profe por todo lo que me enseñó, con esto ya logré abrir una puerta para empezar mi carrera". Esa noticia me hizo sentir bien, porque, aunque solo hago mi trabajo como docente, la satisfacción que sientes cuando alguien logra algo en su vida por lo que les puedes transmitir, da un sentimiento de satisfacción enorme.

En más de una ocasión he dado clases, cursos, tutorías y charlas sin cobrar, con la intención de ayudar en algo que pueda mejorarles la vida. Esto no lo hago esperando de regreso favores o pagas, solo lo hago porque me nació ayudar y porque soy agradecido con las personas que en algún momento me ayudaron en el pasado cuando yo lo necesité.

Muchas veces no podremos regresarles los favores a las personas que nos ayudaron, pero podemos ayudar a otros, esperando que siempre haya una cadena de favores por los demás. Como este ejemplo, lo que quiero decir es que si queremos dejar un legado, la mejor forma de hacerlo es enseñar a otras personas cosas que sabemos y que les pueden ayudar a su crecimiento personal.

Si algo he visto en carne propia y seguramente tú también lo has experimentado, es que nadie se lleva nada de este mundo. No importa que tanto o poquito tengas en lo material, nada te llevarás, solamente los recuerdos buenos o no tan buenos que tuviste.

Lamentablemente, hay personas que piensan que nada es gratis y que todo tiene un costo y sí, podría ser, pero la gratificación que uno puede experimentar al ayudar a los demás no tiene precio. Más aun si generaste un impacto significativo y positivo a esas personas. Todo en la vida se devuelve, dicen por ahí. Entonces, podemos ser agradecidos con la vida que tenemos y aportar algo a este mundo.

Quizás compartir lo bueno que tenemos con otros no sea tan representativo para ti, pero piensa cuán significativo es para otras personas. No se trata de ayudar a otros solo cuando estamos sobrados de cosas, sino hacerlo cuando la oportunidad lo amerite. A veces, las personas que menos tienen comparten más que aquellos que tienen mucho y no lo hacen. Reflexiono diciendo que todos podemos dejar un legado en este mundo y, aportando algún bien para los demás y repito, es hacerlo con la intención de mejorar lo que encontramos cuando nacimos.

## LA IDEA ES CREER EN UNO MISMO

La idea de creer en uno mismo es algo en lo que he experimentado a través de los años. Curiosamente, a veces no creemos que podemos hacer muchas cosas hasta que las circunstancias nos obligan a hacerlo.

De hecho, hay una pequeña historia que se ha visto en redes sociales sobre cómo un amigo empujó a otro en un río lleno de cocodrilos. A pesar de esto, el amigo logró salir ileso de la situación. Sin embargo, cuando el hombre que cayó al río le reclamó a su amigo por haberlo empujado, el amigo le dijo: "Pero ves como sí pudiste salir de ahí".

¿Cuántas veces en la vida hemos necesitado un empujón de alguien, ya sea con buena o mala intención o una situación desafortunada, para darnos cuenta de que teníamos la habilidad o capacidad para resolver un problema o una situación? Todos tenemos capacidades creativas escondidas que no explotamos hasta que la situación nos hace actuar. Sin embargo, no tener fe en uno mismo y en la capacidad de intentarlo muchas veces nos limita a crecer.

A través de los años, me he enfrentado a situaciones laborales o sociales que me asustaron y me hicieron dudar de si podría con esto o no. A veces, mi hija me dice: "Papá, todo es mental". Bueno, sí, creo que todo es mental, solo es cuestión de creer en uno mismo e intentarlo. Claro que esto no quiere decir que podemos hacer de todo, cada uno tiene una capacidad y unas habilidades por descubrir. El punto aquí es descubrir cuáles son esos puntos.

Por eso, trabajar nuestra autoestima es muy importante para creer más en nosotros. No basta solo con creer, además, implica trabajar duro en lo que somos buenos para desarrollar más nuestras habilidades y aplicarlas en nuestras actividades diarias. Mira cómo un atleta pasa horas y horas practicando para desarrollar más sus habilidades deportivas antes de ir a una competición.

Creer en uno mismo implica descubrir nuestros talentos y buscar ayuda si es necesario para desarrollarlos más en la práctica. Por eso, es relevante aprovechar el momento, hay que aprender y practicar más sobre aquello en lo que somos buenos. Así aumentaremos la autoestima y creeremos más en nosotros mismos y esto también significa hacer sacrificios con otras cosas.

Voy a poner un ejemplo en mi caso, allá por los años 90, me encontraba cursando una materia en la carrera de control de calidad en la universidad. Era un curso sobre liderazgo, según recuerdo y algo que me sucedió en ese momento fue en una exposición de mi grupo y fue a mí a quien escogieron para pasar al frente a exponer el tema asignado. Bueno, hablar en público no era algo nuevo para mí, pero no significaba que fuera bueno. Cuando pasé a realizar mi exposición el profesor me dijo Daniel adelante. Fue así que empecé a exponer con algo de nervios y apresurado. Posteriormente el profesor me hizo varias indicaciones: Daniel "respire, pause, sea más dinámico, haga cambios en los tonos de voz". Y vaya que me aconsejo bastante.

Ante esto me sentía algo frustrado, por los comentarios que me hizo delante de todo el grupo. No obstante, traté de no dejarme desanimar, a pesar de que me lo reiteraba una y otra vez en otras clases cuando yo salía exponer.

Como indiqué antes, a veces se necesita el empujón de alguien para descubrir cosas en las que eres bueno o puedes mejorar. Después de esa experiencia busqué un librito sobre cómo hablar en público y empecé a leerlo, tratando de aprender algunas técnicas. Sin embargo, esto no se trataba de leerlo y ya, necesité empezar a creer en mí mismo y buscar oportunidades para hablar más ante un público.

De esta forma, trataba de aprovechar cualquier oportunidad para exponer, ya fueran reuniones, presentaciones en la universidad y dar capacitaciones en mi lugar de trabajo. Todo esto me ayudó a mejorar mi técnica de hablar en público y como dicen, hay que echarse al agua para aprender a nadar.

Con el paso de los años fui perdiendo el miedo y a pesar de que tuve muchos errores, también me ayudó a optimizar más sobre las técnicas de hablar en público y corregir esos errores, cosa que hago aún en la actualidad. Claro que hablar en público no es fácil cuando en tu cabeza pasan muchas cosas como: ¿me estarán poniendo atención?, ¿los estaré aburriendo?, ¿les gustará el tema? y así un sinnúmero de cosas.

Desde entonces, realizo charlas pequeñas en salones y auditorios de la universidad. Actualmente, también las llevo a cabo a través de plataformas digitales.

Toda esta experiencia se basó en creer que si podía hacerlo, pero también requirió constancia, paciencia y fe en uno mismo para saber que sí podía exponer ante un público. Hoy doy gracias a ese profesor que me criticó bastante y que me enseñó que sí podía mejorar en algo en lo que podía ser bueno. Con este ejemplo, lo que quiero decir es que todos tenemos una habilidad por descubrir, explotarla y mejorarla con el tiempo.

Como dice el famoso conferencista César Lozano, si otros pueden ¿por qué yo no? Sé que alguna persona dirá que ha intentado muchas veces y no le funciona y sí, también conozco esa parte cuando queremos ser buenos en algo, pero no lo logramos. Así que puede que ese no sea el camino correcto y debemos cambiar la dirección.

Aquí también te cuento algo que he vivido. En más de una ocasión intenté aprender a hablar otro idioma, que en mi caso fue el inglés, muy importante hoy en día. Durante años intenté aprender este idioma en distintas ocasiones, con diferentes academias y metodologías, pero hasta el momento es algo en lo que no he podido brillar.

Tengo que reconocer que me cuesta mucho y que definitivamente no soy bueno en eso. No nací para los idiomas, pero nací bueno para otras cosas y a eso me refiero, que no podemos ser buenos en todo, a pesar de esto, podemos ser buenos en lo que queremos desarrollar. Es cuestión de descubrirlo y potencializarlo en nosotros, en lugar de desanimarnos en aquello en lo que no somos buenos.

Reflexiono diciendo que debemos sacar el tiempo y la dedicación para describir lo que somos capaces de hacer. No importa si lo que hacemos es relevante para otros, lo que importa es que sea relevante para ti.

## LA ZONA DE CONFORT

Como lo dice el dicho: "La zona de confort es un lugar muy lindo, pero nada crece ahí". Cuántas veces hemos caído en esa zona de confort en muchos ámbitos de la vida diaria, ya sea porque damos por sentado algo que ya tenemos o porque ya cumplimos un sueño u objetivo y no nos proponemos más metas para nuestra vida.

Curiosamente, sin darnos cuenta, realizamos las actividades cotidianas de manera rutinaria, hasta el punto de caer en una zona confortable donde hacemos siempre lo mismo. Esto no solo ocurre en el ámbito laboral, sino también en nuestro hogar, en nuestra vida social y en cualquier cosa que nos lleve a ese estado.

Aquí es donde podemos ver cómo estas situaciones muchas veces nos limitan a conocer o descubrir nuestras habilidades. Lo más lamentable es que un día nos arrepentimos de todas las cosas que quisimos hacer y nunca las hicimos por estar ahí, en esa zona donde nos mantenemos seguros y estables.

Si bien cada uno hace su vida como más le guste, aquí quiero ilustrar que todos podemos y tenemos el potencial de realizar grandes cosas y de disfrutar la vida al máximo. Sobre todo cuando descubrimos quiénes somos realmente y cuando sacamos todo aquello en lo que somos buenos y lo aplicamos en todo aquello que nos gusta.

Salir de nuestra zona de confort amerita cambiar nuestras creencias, actitudes y, ante todo, vencer la pereza, porque también sé que estamos evitando fracasos o desilusiones en la vida. Sin embargo, si lo analizamos, eso es parte de ella y del aprendizaje diario y para eso, hay que explorar el mundo que nos rodea, porque es más grande de lo que pensamos.

Quién más que Cristóbal Colón, quien lo dejó demostrado con sus tres carabelas cuando cruzó casi medio mundo para demostrar que había algo más por descubrir. Si bien con todas las limitaciones y miedos de esa época lo logró, ahora pensemos qué podemos hacer nosotros con todo lo que hoy tenemos al alcance.

Cada uno puede cumplir sus sueños si así se lo propone. No obstante, sabemos que tenemos que salir de esa zona de confort que nos ata y nos limita a realizar grandes cosas para nosotros mismos.

Para salir de esa zona de confort, es importante y necesario tener un propósito en la vida. Debemos tener sueños y metas que nos motiven a no caer en la zona. Esto implica construir objetivos en todos los campos de nuestra vida, sin importar si son pequeños o grandes. Lo que importa es mantener un propósito de avanzar y conquistar todo aquello que nos haga felices.

Es cierto que a veces las cosas se ponen feas o no salen como quisiéramos. No obstante, quizás esto se debe a que no pedimos las cosas con la fe suficiente, por no valorar más opciones, por no contactar a más personas que nos podrían ayudar o por no ver más allá de la puerta.

Sin embargo, si lo mantenemos en la mente y lo visualizamos de alguna manera, las cosas de una forma u otra se darán. Las historias de muchas personas han demostrado con el tiempo que sí se puede salir de la zona de confort, que todo es cuestión de dar ese primer paso y avanzar aún con miedo, incluso cuando la mejor decisión que hay que tomar no siempre será la más fácil.

Voy a contar la siguiente historia. Un día empecé a sentir que mi trabajo ya era algo rutinario y que no me presentaba desafíos. Ahí identifiqué que la vida me estaba llevando a la zona de confort. Por otro lado, y gracias a Dios, tenía muchos éxitos en el campo familiar y social, pero no en mi trabajo. ¡Necesitaba un cambio! Esto me hizo pensar en la necesidad de buscar algo nuevo y diferente y que le aportara a mi vida un nuevo propósito, sobre todo en el ámbito laboral.

Fue así como un día, por casualidad, me llegó a mi correo una oferta académica de una universidad local para cursar una Maestría en Gerencia Ambiental. Esto me hizo recordar que desde que estaba en el colegio me gustaban las ciencias naturales y la gestión ambiental.

Así que lo valoré y, pensando que contaba con un trabajo estable y el apoyo de la empresa, podría retomar ese deseo que tenía en el pasado. Por lo tanto, decidí ponerme en marcha y estudiar una nueva profesión.

Durante 2 años estuve cursando la Maestría de Gestión Ambiental. Este proceso me ayudó a conocer a más personas de otras profesiones, entre ellas un economista, una ingeniera química, una bióloga, un experto en agronegocios y un geólogo, entre otros.

Lo curioso de estos profesionales fue la forma en la que ven el mundo, algo muy diferente a nosotros los industriales, lo cual me ayudó mucho en mi aprendizaje. Esto lo digo por el hecho de que esta experiencia de compartir con otros profesionales en las clases me orientó a conocer otros campos y otros pensamientos en donde podía innovar con nuevas ideas, participar en proyectos y, sobre todo, adquirir nuevas competencias.

Recuerdo que uno de ellos solo me hablaba de leyes y decretos legales y sobre cómo estos se construían en la Asamblea Legislativa y esto me aburría, a veces hasta lo odiaba, porque yo veía a esta persona como algo presumido. No obstante, cuando era yo el que estaba exponiendo o participando de una actividad académica o laboral en otros lugares, muchas veces esos comentarios de ese compañero que odiaba me salvaron.

De esto aprendí que en la vida hay que ser humilde para aceptar que de todas las personas que nos rodean podemos aprender algo bueno y útil para nuestras vidas y que en muchos casos nos pueden ayudar. ¡No siempre podemos saberlo todo! Nuestras experiencias nos pueden ayudar a salir de nuestra zona de confort en la medida en la que aprendamos a interactuar con las demás personas y que esas interacciones tienen un propósito en cualquier campo.

Como he mencionado, la zona de confort es un lugar bonito y podemos estar allí sin darnos cuenta o caer en el sin darnos cuenta. Por este motivo, debemos hacer de cada día algo diferente, aunque nos dé pereza, aunque no nos guste y aunque nos incomode. Lo importante es que en cada día busquemos cambiar algo en nosotros, así que cada vez que te veas en el espejo pregúntate ¿qué cambiaré hoy en mí vida?

Con el tiempo podemos entender que nuestra sabiduría se construye con esas experiencias. La zona de confort desaparece cuando buscamos nuestras metas diarias y puede desaparecer en la medida en la que volvamos a construir esos sueños que teníamos desde que éramos pequeños.

Es en este punto en el que les cuento mi siguiente historia. Cierto día visité la universidad donde me había graduado en la Carrera de Control de Calidad, allá por los años 90. Fui para terminar unos cursos complementarios de salud ocupacional y me reuní con el coordinador de la carrera en Salud y Seguridad Ocupacional.

Durante la conversación, él me preguntó en qué campo estaba ejerciendo en la práctica laboral. Le mencioné que tenía algunos años de trabajar para el sector de alimentos en una empresa de manufactura. Fue aquí donde él me mencionó que andaba buscando un nuevo docente para impartir cursos en algunas áreas relacionadas con la gestión ambiental con la industria de los alimentos. Esto despertó inmediatamente mi interés por incursionar en la docencia, así que llegamos a un acuerdo para empezar a impartir clases en la universidad.

Esta nueva oportunidad me ofrecía dos nuevos retos. El primero era dar clase en un campo que conocía bien y que podía combinarlo con la gestión ambiental. El segundo reto era que debía comenzar a tomar clases de pedagogía. Lo anterior con el fin de aprender y desarrollar habilidades para dar clases.

Esa conversación con el coordinador de la Carrera de Salud Ocupacional cambiaría nuevamente el rumbo de mi vida. Hoy en día continúo impartiendo clases, no solo en una universidad, sino que con el paso del tiempo me he incursionado en otras universidades para seguir desarrollándome en el campo académico. Esto ha sido posible gracias a personas que creyeron en mi trabajo, a quienes hoy les agradezco mucho esa oportunidad.

Sin darme cuenta, las cosas cambiaron de un día para otro y debo reconocer que muchas veces tenía miedo de hacer algo mal o fracasar en el proceso. A pesar de esto, aprendí de esos miedos y eso me hizo creer más en mí mismo.

Algo que quiero compartir con estas dos experiencias es que podemos lograr muchos proyectos, sueños y propósitos en la vida si creemos que podemos y tomamos la decisión de salir de la zona de confort. Y entiendo que a veces la pereza nos gana, pero no sabemos de lo que nos estamos perdiendo cuando decidimos quedarnos en la zona de confort.

Hoy en día existen técnicas y estrategias para cambiar nuestro cerebro y nuestro comportamiento con lo que somos y podemos lograr. Todo se basa en tomar la decisión de hacerlo con todo y el esfuerzo que lleva, pero sin lo hacemos, la recompensa será tan buena como lo esperamos.

## TODOS TENEMOS UNA VIDA PRIVADA, UNA QUE EXPONEMOS Y OTRA ES LA QUE LAS PERSONAS VEN

Este tema es algo que puede hacer reflexionar a más de una persona. A lo que me refiero es cuando decimos que todos tenemos una vida privada, una que exponemos y otra que las personas creen sobre nosotros.

Este tema lo incluí en este libro debido al comentario que hizo una compañera de trabajo y me pareció interesante hablar de esto. Cada uno de nosotros tiene una vida privada o secreta y con esto no se interprete que se oculta algo malo, sino que no todo lo que somos es público.

Por ejemplo, pueden ser vivencias que hemos acumulado a través del tiempo, donde solo nosotros las sabemos y las guardamos como un tesoro. Pero también podemos guardar secretos oscuros que no queremos dar a conocer. Quizás porque fue un trauma de niñez o una experiencia horrible que no queremos se sepa. En su mayoría, son recuerdos muy personales que incluso se irán con nosotros. En otras ocasiones, fueron vistos o compartidos por otras personas o fuimos nosotros quienes los contamos a otros (amigos, parientes, compañeros de trabajo), pero en definitiva hay cosas de nosotros que nadie sabe.

Por otro lado, también sé que alguien podría pensar que no somos totalmente sinceros con los demás, bueno, no diría eso. Es solo el hecho de que nuestra vida es nuestra y si bien la compartimos con muchas personas, somos nosotros quienes decidimos cuáles cosas se pueden decir o exponer a los demás. Estas podrían ser nuestras metas, objetivos y planes para lograr algo en la vida.

Además, están las vivencias, anécdotas divertidas, malos momentos, vergonzosos, momentos difíciles o tristes, entre muchas otras y debemos entender que todo eso nos pertenece. Con esto no estamos obligados a exponerlo a los demás, siempre y cuando no dañe o afecte a alguien. Parte de nosotros es solo para nosotros y sé que cada uno tiene sus secretos bien guardados.

Ahora bien, nunca falta quien arruine tus sueños una vez que se los has contado, porque después los roba, los divulga o trata de desanimarte diciendo que no puedes alcanzarlos. Creo que es mejor trabajar por tus sueños en silencio, luego ellos harán el ruido que quieras que los demás escuchen y a eso me refiero con este tema.

Nuestra vida nos pertenece y es nuestra decisión mostrar lo que queremos en el momento en el que queremos y con quien queremos. Esto no es mentir, es saber cuándo podemos decirlo o guardarlos solo para nosotros, como aquellos recuerdos que solo sabemos cómo sucedieron y que fueron parte importante de nuestra historia.

Nuestra felicidad es algo muy personal y propio de cada uno. Esta se construye diariamente con las vivencias que experimentamos, que de por sí, al final de nuestra existencia, será lo único que nos llevaremos de este mundo incluyendo todo aquello que solo nosotros sabemos.

Cuando exponemos a los demás lo que somos en cualquier ámbito de nuestra vida, las personas empiezan a crear una percepción sobre lo que somos. En algunos casos, termina definiéndonos de alguna manera. Sin embargo, en algún momento les he mencionado que cada uno de nosotros cambia y evoluciona con el tiempo. Este cambio también va acompañado del juicio que los demás hacen de nosotros.

Posiblemente, habrás escuchado o más bien dicho esta frase: "como has cambiado, ya no eres como antes". Y sí, eso es cierto, todos cambiamos y cada vez vamos siendo más selectivos con las personas con las cuales interactuamos, con las situaciones que vivimos y con las decisiones que tomamos. Por ende, esos juicios que hacen los demás sobre nosotros también cambian.

Veamos un ejemplo: cuando buscamos el éxito en todas las etapas de nuestras vidas, vamos a mostrar aquello que nos conviene decir, hacer o mostrar a otros. Esto con el único fin de evitar que nos juzguen mal, más bien para que nos valoren y nos admiren.

Esto puede ser contraproducente, porque también se presta para que dejemos de ser nosotros mismos si intentamos ser lo que no somos en realidad. Cuando me refiero a que exponemos a los demás a una parte de lo que somos es con el fin de lograr y llevar una sana convivencia, elaborar círculos afectivos y lograr nuestros propósitos de vida.

Debido a lo anterior es por lo que muchas veces proyectamos lo que queremos en los demás. De hecho, poco a poco vamos dándonos a conocer, esto según el círculo social en que nos encontremos. No es lo mismo estar en el trabajo que con un grupo de amigos o familia, que con la persona que amamos. Para cada uno seremos una persona diferente, lo aceptemos o no, por el simple hecho de que hay reglas de vida, aprendizajes vividos, o bien porque simplemente es nuestra decisión ser como queremos.

Ser nosotros mismos siempre será lo mejor, sin embargo, no siempre significa que debemos exponer todo lo que somos. Asimismo, hay que poner límites en lo que decimos o hacemos, aunque esto lo aprenderemos con el tiempo.

Esto me lleva a otro tema y es lo que las personas ven en nosotros. ¿Y qué quiero decir con esto? Curiosamente, las personas se hacen siempre un juicio de nosotros de acuerdo con el instante, lugar, en las cosas que decimos o actuamos. Cuando andaba en mis épocas de metalero, mis amigos les gustaban mucho ir a bares a tomar cerveza ya fumar, y yo siempre los acompañaba a pesar de que nuca fumé y nunca tomé cerveza o algún otro licor. Así que cuando salíamos de cualquiera de estos lugares y otras personas me veían, asumían que yo andaba tomando y fumando. Cosa que nunca pasó. Siempre es fácil juzgar las apariencias de los demás y quizás me atrevo a decir que todos lo hemos hecho en más de una ocasión.

Un consultor muy exitoso que conocí una vez en un seminario me comentaba que sus amigos lo juzgaban como una persona que no le había ido bien en la vida, solo porque viajaba en su carrito de 1969, sin saber que este consultor viajaba por el mundo impartiendo seminarios. Recordemos que las apariencias siempre engañan.

Todos siempre seremos juzgados por lo que lo demás ven en nosotros y creo que nadie se salva de haberlo hecho con alguien. Las condiciones ambientales del trabajo, la universidad, la vida social y la familiar terminan, de alguna forma, influyendo en lo que somos y nos convertimos. No obstante, siempre terminamos haciendo un juicio de los demás por lo que vemos, oímos e interactuamos con ellos.

A pesar de esto, no siempre sabemos todo lo que es esa persona en su interior, en lo que ha vivido y los obstáculos que ha superado, ha como ellos tampoco saben todo lo que somos y hemos vivido. Como dije anteriormente, cada uno expone lo que le conviene decir o hacer con otra persona, según sus intereses, donde pueden ser buenos o malos, no lo sé.

Lo que es importante analizar, por otro lado, es que vemos a los demás tal y como somos nosotros y algunas veces, hasta los juzgamos por lo que alguna vez experimentamos en nuestra vida.

Si recuerdan en un capítulo anterior mencioné a un excompañero de la universidad que, en el primer día de clases, llegaba vestido muy elegante, hablando solo de leyes y se la pasaba contradiciendo a casi todos en temas legales, como si solo él tuviera la razón. Sinceramente, me desagradó mucho el primer día, pero con el tiempo fui conociéndolo más y empecé a tener una idea diferente de lo que él era. En el fondo, era una buena persona, carismática, conocedora en su campo y después de trabajar con él en varios cursos de la universidad terminamos siendo muy buenos amigos.

Nuestros juicios pueden cambiar si nos damos la oportunidad de conocer a la gente. Sin embargo, como mencioné, esta es una decisión de cada uno.

En conclusión, con estos capítulos, lo que vine a exponer es que todos tenemos una vida privada, una que exponemos a los demás y otra es lo que los demás ven en nosotros. Aquí lo importante es ser honestos con nosotros mismos, respetar la privacidad de los demás cuando lo quieran ser con su vida.

Esta dinámica puede cambiar con el tiempo, sé que muchas ocasiones terminas siendo el confidente de alguien y después ya no. Posiblemente, nos hemos sentido molestos porque alguien cambió mucho con nosotros y que ya no nos tratan igual, bueno, nos guste o no esa persona puede que ya no nos vea como antes, pero nosotros también lo hacemos con los demás.

No hay que desanimarse por eso, sino entender que las cosas y las personas cambian y todos tenemos ese derecho. Así que aprovecha y disfruta a las personas en los momentos provechosos que se den y si esto perdura con las personas que te rodean, grandioso por ti y, si no, bueno al menos disfrutaste mientras duro porque será un lindo recuerdo que te llevarás el resto de tu vida.

## TODO PASA POR ALGO Y POR ALGO NO PASA

Todo pasa por algo y por algo las cosas no pasan. ¡Cómo nos cuesta entender muchas veces esta frase! Al finalizar el libro con este capítulo quiero exponer como la vida es una serie de decisiones ligadas a las de otras personas que, en circunstancias o acontecimientos, se ven entrecruzadas en el tiempo y el espacio. Ambas son las que generan una realidad que percibimos e interpretamos según nuestras vivencias, creencias y valores.

No obstante, nuestras decisiones forjarán la vida en el camino y en la evolución de lo que somos y seremos en el futuro y esto también afectará la vida de otras personas.

Se que pensarán que es el destino, que la suerte, que es lo que cosechamos o que es la decisión de Dios. En el fondo del asunto, lo cierto es que, la vida hay que vivirla para saber lo que somos y hasta donde podemos llegar. Y no pretendo justificar también las cosas que no nos salen como lo esperábamos. Si no ¿cuántas veces dijimos que algo malo me tenía que pasar para que algo bueno me llegara? Como indiqué antes, el tiempo siempre dará la respuesta del porqué debía suceder.

¡Qué difícil verdad! Muchas situaciones personales que nos han pasado, como perder un trabajo, nos llevaron después a encontrar uno mejor; perder una relación nos llevó a hallar una nueva persona; perder una oportunidad nos llevó a encontrar una mejor. Así una y otra vez vemos cómo la vida nos muestra a veces el camino que debemos seguir y no al que queremos, pero de algo es seguro, a algún lugar llegamos.

Algunas experiencias de mi vida tuvieron "ese por qué" que tenía que darse de esa manera. Como les conté al inicio de este libro, 28 años después de perder mi curso de Estadística 1 en la universidad, se dio mi cambio de 180° hacia nuevas oportunidades laborales, que hoy agradezco mucho. Sin embargo, tuvieron que pasar esos 28 años para entenderlo.

Además, recuerdo que durante la pandemia de la COVID 19 no pude salir con la familia a un país que queríamos conocer y, curiosamente, 2 años después de pasar el confinamiento y las medidas sanitarias, terminamos haciendo un viaje inolvidable a otro sitio fuera del continente. De esta forma, muchas cosas me han pasado en la vida, buenas y no tanto, pero entendiendo que todo pasa por alguna razón que no entendí en el momento.

De eso se trata la vida: saber esperar el momento, el lugar y las oportunidades para construir la vida que soñamos. También debemos entender que nuestras decisiones y, algunas veces, el destino, terminan dándote cosas que nunca creímos tener. Todos los capítulos que has leído tratan de mostrar que en la vida todo puede suceder y no siempre tenemos las respuestas que buscamos.

La vida es un misterio por descubrir y puedes entenderlo solo si descubres cuál es tu propósito y que cosas le da sentido a nuestra existencia. Así que busca ese propósito, enfrentando las adversidades, los desafíos y construye los sueños que deseas. No será algo fácil, pero tampoco difícil, solo es creer que es posible y si buscas en las librerías podrás encontrar muchos libros de autoayuda, de experiencias, de estudios que dicen cómo vivir mejor; si no, busca ayuda en alguien en quien confíes.

Sin embargo, esto solo funciona si tomas las decisiones necesarias y en el momento adecuado, aun sin saber si funcionarán o no y si perderás o no. Leer y aprender cosas nuevas nos hace comprender mejor nuestro mundo, nuestros pensamientos y nuestro cuerpo.

Todo tiene su propósito y podemos construir la vida que queremos si estamos dispuestos a pagar el precio y si estás dispuesto a cambiar tus creencias, tus hábitos y si trabajas tu autoestima. Recuerda que no todo se consigue solo, también hay que acudir a la fe y a la fe en nosotros mismos para lograr la vida que queremos.

Al fin y al cabo, la vida es muy corta para desperdiciarla y no estoy tratando de dar un sermón creyendo que conseguirás todo lo que deseas, pero sí todo aquello que creas capaz de conseguir. Recuerda respetar los sueños de los demás, ellos también los tienen y los quieren, igual que tú, sin embargo, posiblemente se topen en el camino y alguno de los dos ganará y el otro lo perderá.

Si te toca a ti, no debes detenerte, debes seguir creyendo, debes persistir y de algún modo u otro se darán las cosas. Jamás olvides cultivar en ti cosas buenas y para eso debes buscar cosas buenas, personas que te ayuden a crecer, posibilidades que debes aprovechar y también nunca olvides ayudar a otros, porque tú también necesitarás ayuda.

Cuídate de las personas que necesitan arrastrarte a su mediocridad, solo porque se dan por vencidos y no desean pagar el precio del éxito. La vida te llevará a donde tú quieras si crees en ti, así como un río que nunca se detiene, porque el siempre encontrará la forma de seguir, sin importar las rocas que se encuentre en el camino y nunca olvides: "Las cosas pasarán por alguna razón y por alguna razón no sucederán".

# ACERCA DEL AUTOR

Daniel Rodríguez Molina es Máster en Sistemas de Gestión Integrados de Calidad, Gestión de la Inocuidad, la Salud y la Seguridad Ocupacional y la Gestión Ambiental. Además, cuenta con un posgrado en Desarrollo y gestión del bienestar y felicidad y Psicología organizacionales positiva. Asimismo, es docente de la Universidad Técnica Nacional desde el año 2010 en las carreras de Ingeniería Ambiental, Salud Ocupacional y Administración y Manejo de Recursos Humanos.

Es profesor en cursos de Sistemas Integrados, Normas y Estándares de Calidad, Seguridad e Inocuidad Alimentaria, Emprendimiento e Innovación, entre otros. Asimismo, es docente de la Universidad Tecnológica de Costa Rica y la Universidad para la Cooperación Internacional en Costa Rica.

Made in the USA
Columbia, SC
22 November 2024